SANTA BARBARA PUBLIC LIBRARY

3 P9-BJX-565

#EFECTOPOSITIVO

Un libro para actualizar, descargar y resetear tu vida

ANTONIO ESQUINCA

#EFECTOPOSITIVO

Un libro para actualizar, descargar y resetear tu vida

OCEANO

#EFECTOPOSITIVO
Un libro para actualizar, descargar y resetear tu vida

© 2017, Antonio Esquinca

Diseño e ilustraciones de portada e interiores: Jazbeck Gámez

D.R. © 2017, Editorial Océano de México, S.A. de C.V.
Eugenio Sue 55, Col. Polanco Chapultepec
C.P. 11560, Miguel Hidalgo, Ciudad de México
Tel. (55) 9178 5100 • info@oceano.com.mx

Cuarta reimpresión: diciembre, 2017

ISBN: 978-607-527-279-5

*Todos los derechos reservados. Quedan rigurosamente prohibidas,
sin la autorización escrita del editor, bajo las sanciones establecidas
en las leyes, la reproducción parcial o total de esta obra por cualquier
medio o procedimiento, comprendidos la reprografía y el tratamiento
informático, y la distribución de ejemplares de ella mediante
alquiler o préstamo público. ¿Necesitas reproducir una parte
de esta obra? Solicita el permiso en info@cempro.org.mx*

Impreso en México / Printed in Mexico

Para Claudia.

Gracias por tu amor, compañía,
conocimiento, entusiasmo, tiempo,
apoyo, escritura... ¡¡y todo tu ser!!

Sin TI no sería posible esto.

Te amo.

Una guía fácil con la que
nunca volverás a ser la
misma persona.

Para leerse en un par de días,
un par de décadas, un par de
milenios o un par de horas...
Depende de ti.

Índice

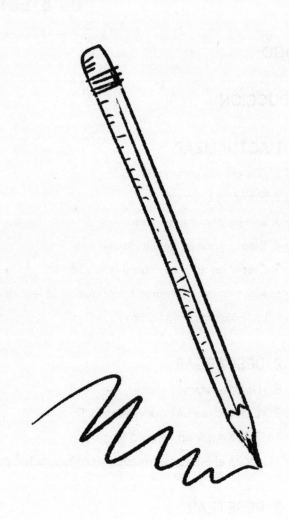

Prólogo

Hoy en día, los autores buscan que alguien muy importante sea quien escriba el prólogo de su libro. Y eso es exactamente lo que yo deseo también, así que te voy a pedir a TI, que estás a punto de aventurarte conmigo, que lo escribas, pues TÚ eres lo más importante para mí.

Por favor, plasma en estas páginas lo que quieras de mí y regálalo a alguien que no me conozca o sientas que lo puede necesitar.

_____

_____

_____

_____

_____

_____

_____

_____

Introducción

No importa lo lento que vayas
mientras no te detengas.

CONFUCIO

NOTA DEL AUTOR

¡DESPIERTA!

Sí, te hablo a ti. A ti que deseas una vida mejor para ti y para todos tus seres amados. A ti que trabajas de sol a sol porque te quieres superar. Que tal vez inviertes más de dos o tres horas de trayecto entre tu casa y tu lugar de trabajo y laboras hasta dos turnos o tienes dos empleos.

A ti que, a pesar de todos los esfuerzos que estás haciendo, no ves un cambio hacia mejor en tu vida y en tu economía.

A ti que a veces quisieras mandar todo a la goma y desaparecer o dedicarte a la delincuencia, pues parece ser la única salida.

A ti que no te has dejado vencer y te has aferrado a tus valores y continúas siendo un mexicano de bien. Porque a México lo hacemos los que trabajamos por él a pesar de sus malos gobernantes y su corrupción, su rapiña y su impunidad. A pesar de lo que venga de Estados Unidos y la arrogancia de su presidente.

A ti que, como yo, amas por sobre todas las cosas a México y quieres verlo recuperar su grandeza.

A ti te hablo. Porque yo sé lo que es estar desesperado y no ver una luz al final del camino. Yo sé lo que es moverse en transporte público pues vengo de abajo; por muchos años me moví en metro y en microbús, como les he platicado en mis programas.

A ti que eres como yo, te pido que despiertes, y como la muy trillada, trilladísima frase dice: ¡que te pongas las pilas! Pero ahora tendrá que ser al 300 por ciento. Que no pierdas la fe en ti y en México, que es un lugar mágico y que puede llegar a ser el mejor país del planeta si tan sólo nos lo propusiéramos.

Tienes que saber que hay ESPERANZA. Pero para realmente ver resultados, necesitamos despertar, necesitamos *CAMBIAR*…

Piensa por un momento: ¿eres hoy la misma persona que siempre has sido? ¿Eres la misma persona hoy que cuando abriste los ojos por primera vez, que cuando diste tu primer paso, que cuando aprendiste a patinar o a andar en bicicleta, que cuando asististe a tu primer día en la escuela, que cuando recibiste tu primer pago de salario, que cuando te casaste, que cuando tuviste a tu primer hijo? Seguramente no.

Todas estas situaciones o etapas de tu vida tienen una cosa en común: significaron un *cambio*. Experimentaste un *cambio* cuando dejaste de gatear para aprender a caminar, cuando te fuiste de casa o de la guardería para ir a la escuela, cuando pasaste de ser dependiente a ser independiente, de soltero a casado, y así hay cientos de situaciones que han implicado un *cambio* en tu vida y en tu esencia.

Otra constante es la conciencia de la que eres objeto al pasar por estos distintos cambios. Los pensamientos son como semillas que se plantan en un jardín (tu mente) y son los que te han ayudado a adaptarte a tu nueva vida inmediatamente después de cada cambio. Te debiste haber plantado nuevas semillas (pensamientos) para saber que una vez que podías caminar, ya no tenías la necesidad de gatear para desplazarte de un lugar a otro.

Tú plantas estas "semillas de pensamientos" cada minuto de cada hora de cada día en tu vida, estés consciente o no de ello. Cuando piensas en algo —relaciones, dinero, salud, familia, pasado, presente o futuro—, estas "semillas de pensamientos" se están plantando en la tierra fértil de lo que llamamos, como te lo he dicho en mis otros libros, "Inteligencia Infinita", "Madre Tierra", "Pachamama" o "Inteligencia de DIOS" (sean cuales sean tus creencias religiosas).

Tu vida entonces se convierte en un reflejo de los pensamientos que has estado plantando en el campo de la "Inteligencia Infinita" y en tu propia mente, como lo digo constantemente al aire.

Lo malo de todo esto es que la mayoría de nuestros pensamientos son negativos; así nos enseñaron desde pequeños nuestros padres y nuestros mayores, quienes no sabían cómo criarnos (y que conste que no es su culpa y que tal vez tú ahorita no sepas cómo criar a tus hijos). Aprendimos a quejarnos, compadecernos y creernos no merecedores de lo que es nuestro por derecho divino.

¿Te gustaría poder cambiar esos patrones y así lograr un cambio tangible y verdadero en tu realidad?

Ahora es el momento de realizar otro gran *cambio*. Es una de las últimas llamadas para realizar el gran cambio, es momento de ACTUALIZAR, DESCARGAR y RESETEAR tu mente para lograr lo que siempre has deseado, pero que inconscientemente crees imposible de lograr.

Disculpa si esto te suena ofensivo pero es la realidad, y tú eres muy importante para mí, para nuestra sociedad y para el país.

Estoy muy, pero muy lejos de ser perfecto, pero la vida me ha enseñado mucho (con fuertes golpes en muchas ocasiones) y deseo compartirte mi manera de sentir y mis aprendizajes.

Si lees algo fuerte que te desagrada o intimida de alguna manera, por favor no te lo tomes personal pues no busco molestar ni ofender a nadie; por el contrario, pon especial atención en eso, pues ahí es donde más trabajo necesitas hacer, ya que todos somos espejos. Hay mucha gente que me odia y sólo te pido que recuerdes algo que puedes consultar en cualquier libro de cualquier autoridad en el campo del autoconocimiento: todos te dirán que aquello que odias es lo que deseas o es lo que debes trabajar en ti.

Te comparto mis palabras con una inmensa emoción, pues mi último libro (*Plan de vuelo*) lo escribí en 2009 y desde hace ocho años tenía el sueño y las ganas de escribir éste. Hoy finalmente está aquí después de gestarse por mucho tiempo en el que sólo existió como una idea, un sueño, una gran ilusión, pero que por una u otra razón no había llegado a existir como una realidad tangible. Hoy y aquí era su momento y su espacio, después de ver otros miles de libros publicarse (en la actualidad cualquiera puede escribir y publicar; pobres árboles cuando se dan cuenta de que su vida se resumió a ser las páginas de un mal libro).

Deseo desde lo más profundo de mi ser que este libro escrito a manera de guía te sea de utilidad para lograr ese cambio que quieres llevar a cabo y que tal vez no has sabido con certeza cómo hacer, como a todos nos ha pasado.

Que el Gran Arquitecto te cuide y te bendiga hoy y siempre.

La vida no es la que uno vivió,
sino la que uno recuerda, y cómo
la recuerda para contarla.

GABRIEL GARCÍA MÁRQUEZ

CÓMO UTILIZAR ESTE LIBRO

A pesar de todo lo que pudiera tener como "quejas" acerca de mi vida, soy un hombre infinitamente afortunado pues tengo una vida en la que "lo que me gusta hacer", "lo que quiero hacer" y "lo que debo hacer" son lo mismo. Y eso es exactamente lo que deseo para ti. Todo este sentir se lo debo a mi fiel y extraordinario público y, por supuesto, a Dios.

Como ya lo dije en mis libros anteriores, por favor no creas ni tomes como ley todo lo que aquí te digo. Yo sólo pretendo que tu conciencia se expanda de alguna manera a través de mis palabras y experiencias personales, de lo que yo he leído y aprendido anteriormente, pero quien puede lograrlo, solamente eres tú. ¡TÚ!

Si tienes este libro en tus manos es porque debías tenerlo ahora. Ya sea que lo hayas comprado, que te lo hayan regalado, que te lo hayas encontrado tirado o haya aparecido misteriosamente en tu casa, ten por seguro que éste es EL MOMENTO perfecto para leerlo.

La verdad es que cualquiera puede escribir ahora un libro. Hay miles de opciones en las librerías que hablan de lo mismo pero que carecen de un sustento profundo. SIN PECAR DE ARROGANCIA, creo que este libro es diferente pues he tenido la fortuna de aprender —desde hace más de veinte años— de grandes maestros y, sobre todo, de los golpazos que a veces la vida me ha dado y que me han hecho aprender y darme cuenta de sus procesos, siempre en el anhelo de seguir creciendo y poderle dar sustento a mis programas y a mi vida.

Nada pasa por casualidad y yo creo que cuando uno está listo para crecer, el camino se empieza a abrir, la información comienza a llegar y todo embona perfectamente en armonía para comenzar el viaje hacia un conocimiento que también implica una responsabilidad, pues una vez teniéndolo, no hay marcha atrás.

En las páginas de este libro podrás encontrar información que probablemente no habías escuchado o leído nunca, y otra más que tal vez sí, pero que aún no estaba en el momento de ser revelada como valiosa para ti.

Encontrarás, además de textos que puedes consultar a manera de guía en cada capítulo, consejos, técnicas y ejercicios que te serán de apoyo. Algunos te servirán más que otros, lo importante es que trabajes con lo que sientes que te está dando mejores resultados.

Mis consejos para ti que tienes este libro son los siguientes:

1. Por favor, léelo de principio a fin, a tu ritmo y acorde a tus tiempos, pero cuando sientas una enorme flojera o necesidad de dejarlo (¡y la vas a sentir!) es cuando más lo debes leer. Eso es parte de la resistencia al cambio tan natural en los humanos. Por favor, ¡véncela!

2. Cuando lo leas por primera vez, te recomiendo que tengas a la mano una pluma o lápiz, un marcador de textos y un cuaderno.

3. Cuando una idea o párrafo te haga sentir algo fuerte (o simplemente te haya gustado), subráyalo o márcalo para que lo puedas consultar posteriormente.

4. Utiliza los consejos, técnicas y ejercicios que leerás aquí como una guía, pero por favor no te sientas limitado: usa tu imaginación, tu enorme capacidad de soñar, ¡inventa y crea para ti mismo!

5. Haz los ejercicios. Los beneficios que obtendrás superarán tus expectativas y el tiempo invertido, ya lo verás.

6. Te recomiendo llevar un diario en el que puedas escribir. En el capítulo 11 (pág. 99) te explico por qué.

7. Comparte tus experiencias y resultados con otras personas. Eso reforzará tus conocimientos y creará una ola expansiva del cambio que estás y estamos buscando.

8. ¡Comparte tus experiencias conmigo! No importa dónde estés ni la hora ni nada; a mí me interesa sobremanera tu opinión, pues es lo que me fortalece, me hace crecer y querer mejorar para ti. Puedes compartirla conmigo en mi página: **www.antonioesquinca.com** o a través de mis redes sociales: @aesquinca o @AntonioEsquincaOficial.

ESTE LIBRO ES PARA TI, SI TÚ...

- Deseas atraer una pareja amorosa y comprometida contigo.
- Estás buscando una manera más rápida y simple de tener una vida más abundante en todos aspectos.
- Quieres incrementar tu autoestima y confianza en ti mismo.
- Deseas liberarte de tus problemas económicos.
- Sientes que estás atascado u obstruido en algún área de tu vida.
- Estás dispuesto a sobresalir en tu carrera profesional o negocio.
- Has tratado de dejar un vicio pero no has podido.
- No tienes definido tu propósito o misión en la vida.
- Estás pasando por una situación difícil.
- Anhelas encontrar un equilibrio sano entre tu fe, tu familia y tu trabajo.
- Deseas poder ayudar a los que amas y a los que te rodean.
- Quieres hacer de éste un mundo mejor.

Disculpa si te encuentras con algunas palabras altisonantes (groserías) de repente. Los que me conocen y me escuchan en la radio saben que a veces no me puedo contener, y no quise editar quitándolas o cambiándolas porque… así salieron y tienen su objetivo.

Me atrevo a pensar que puedo ser un instrumento de algo mucho más grande para hacerte llegar todo lo que aquí vas a leer.

Disfruta cada una de las palabras. Ríe, llora, emociónate pensando en cómo el libro cambiará tu vida para bien. Reflexiona al hacer los ejercicios y el recuento de las circunstancias y resultados que hasta ahora habías obtenido. Comparte las ideas que más te gusten con tu familia, amigos y compañeros de trabajo (y con quien tú quieras).

¡Viviértete!, como dice mi amado hermano Roberto.

Pero sobre todo, prepárate para tu nueva vida, una con la que probablemente… sólo habíamos soñado.

Nos vemos y nos escuchamos allá, en nuestra nueva vida.

¡Yo creo en ti como tú crees en mí!

En amor y servicio,
ANTONIO ESQUINCA

La vida es demasiado corta
como para preocuparse por cosas
estúpidas. Diviértete. Enamórate.
No te arrepientas de nada y
no dejes que nadie te detenga.

DAVID BOWIE

PARTE I
Actualizar

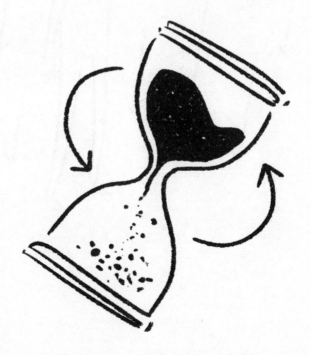

CAPÍTULO 1
¿De dónde venimos?

La sociedad actual es ferozmente cruel y la vorágine de las redes sociales puede aplastar y anular al que sea.

Durante la última década hemos podido ver cómo la raza humana perdió la perspectiva como raza (y sobre todo, como humana). La manera de comunicarnos tuvo un giro de 180° casi sin darnos cuenta y degeneró sin ningún reparo pasando de ser creativa, inventora, original y selectiva, a un concurso arreglado de popularidad en el que no tenemos ya control alguno.

Nos sentimos bajo la presión de LOGRAR. Debemos ser los más interesantes, inteligentes, guapos, exitosos, saludables; tener un cuerpo perfecto, la relación perfecta y, además de todo, ser los más felices. Y por si fuera poco, debemos documentarlo con fotos en todas las plataformas sociales cada cierto tiempo si queremos estar vigentes en nuestro círculo de "amigos".

Debemos trabajar duro, ejercitarnos diario, comer cinco porciones de frutas y cinco de vegetales, tomar dos litros de agua simple.

¿Cómo demonios hacemos eso, si apenas nos quedan unas pocas horas al día para descansar y dormir después de habernos roto el lomo entre trabajo, transporte, comida chatarra, un jefe malencarado, librando tres manifestaciones en la calle y viendo puras malas noticias en los medios?

La lista de las presiones sobre nuestros hombros es interminable y puede hacernos renunciar a vivir el día aun antes de salir de la cama por la mañana. Este libro no pretende quitarte todas esas presiones. Lo que pretende es ayudarte a que, a pesar de ellas, tú estés siempre en tu *centro* (tu centro es la parte más poderosa de tu ser) y hacerte poderoso para poder enfrentarlas, superarlas y lograr así lo que realmente te hará FELIZ. Que puedas darle a todo el valor que merece, establecer prioridades y llevar una vida de acuerdo con eso.

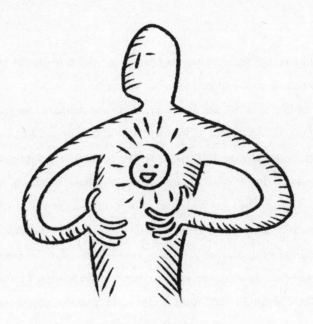

CAPÍTULO 2
Nuestros cuerpos

Antes de comenzar de lleno en el tema de la felicidad, quiero comentarte algo brevemente, algo que explico también en mis dos libros anteriores —*Transforma tu realidad* (2006) y *Plan de vuelo* (2009)— y que es muy importante que tengas claro.

En esta vida estás equipado con un vehículo que te llevará a todos lados y te servirá para transitar por todo aquello que desees enfrentar en tu paso por el planeta. Ese vehículo es tu ser, pero tu ser no se limita a tu cuerpo, a lo que sientes físicamente y que ocupa un lugar en el espacio, sino que va más allá. En verdad es sorprendente todo el equipo que llevamos con nosotros a esta experiencia llamada vida.

No sólo tienes piel, ojos, dientes, pelo, sangre, cerebro, oídos y demás órganos que puedes tocar o sentir. No cuentas solamente con eso que la ciencia médica estudia; cuentas con un sinfín de elementos más. "Cosas", por así llamarlas, que te ayudan y se comunican contigo constantemente. El problema es que muchas veces no reconocemos estas "cosas". Y digo problema porque estamos usando nuestro verdadero potencial una tercera parte de lo que en realidad lo podríamos usar.

Nuestro ser se compone de tres "realidades" que a su vez son tres cuerpos en uno. El primero y que todos conocemos es el FÍSICO: el que puedes ver en un espejo y sientes a nivel de esta realidad física; el que percibes cuando te enfermas porque te "duele".

El segundo es el cuerpo MENTAL y es el que ocupa la mayor parte de nuestra existencia pues está dominado por nuestros pensamientos y el que interpreta todo lo que vemos, escuchamos, probamos, olemos, tocamos y experimentamos. Es el que dicta lo que es "real".

El tercer cuerpo es el ETÉREO o ESPIRITUAL y es el que le da sentido a toda nuestra existencia; es el cuerpo que carga de energía a toda la maquinaria y la mantiene en esta realidad que llamamos vida. Cuando el cuerpo físico se enferma, en verdad es el cuerpo etéreo el que se encuentra debilitado y por lo general es a causa del cuerpo mental que gobierna todo dentro de nuestro ser.

Muchas filosofías y escuelas dicen que son cuatro cuerpos o más, ya que toman el de los sentimientos como un cuerpo más. Yo prefiero tomar ese cuerpo (el de los sentimientos) en el cuerpo etéreo, ya que va relacionado con el alma y con el espíritu.

Los tres cuerpos que son parte de tu vida son los que conforman toda tu existencia e igualmente conforman la existencia de absolutamente toda la creación: animales, plantas, piedras. Océanos, planetas y galaxias enteras… ¡Todo! Todo contiene estos tres cuerpos de vida, aunque no lo creas.

CAPÍTULO 3
Somos parte de un todo

Somos 7,500 millones de personas; 7,500 millones de maneras diferentes de pensar, de sentir y de actuar. Si piensas en esto, la verdad es que debería ser más que un milagro que podamos cohabitar. Sin embargo, no es difícil pues todos somos células de un mismo organismo, de una misma mente superior. Es como si fuéramos gotas de sangre de un mismo cuerpo.

Todos dependemos de todos y de todo lo que es parte de nuestro planeta Tierra. Todo lo que sucede impacta en todos y todo lo que hacemos tiene también un impacto en todo lo que nos rodea. Es el famoso "efecto mariposa" (el simple aleteo de una pequeña mariposa tiene consecuencias impresionantes).

Debemos entender que somos seres individuales viviendo un proceso de evolución personal (proceso primario), pero también somos participantes de procesos secundarios y terciarios, por ejemplo, la evolución como familia, como comunidad, como país y finalmente como raza (humana). Todos tenemos responsabilidad y un rol activo en todo lo que está pasando en el mundo.

Nadie puede culpar a nadie sin saber que la culpa es compartida y que el mundo está como está hoy en día porque todos hemos participado en ello; no me canso de repetirlo cuando les hablo al aire.

No existirían empresas contaminantes si dejáramos de consumir lo que producen. No habría guerras si el negocio de las armas no fuera tan lucrativo. No habría hambre si repartiéramos equitativamente los recursos. No habría desperdicios si planeáramos bien las producciones. No habría cambio climático si las ciudades contaran con mayores y mejores infraestructuras de transporte… En México nos iría mucho mejor si apoyáramos las marcas mexicanas. En fin, el hubiera, el debiera y los ojalá no existen, y esto es lo que hay hoy porque así lo hemos hecho.

Lo que sí podemos hacer es cambiar la creencia de cada quien cuando se está dispuesto a entender el "porqué" y el "para qué" de lo que sucede, para así poder contagiar el cambio a nuestras familias y a nuestras comunidades y que poco a poco pueda ir sucediendo también en nuestro país y en el mundo.

Pero por ahora te voy a pedir que te concentres en ti. Es hora de que seas un poco egoísta (que no está mal, pues estando bien tú, puedes ayudar a otros a estar bien también) y pienses sólo en ti, en tu vida y en tus sueños. La única clave para cambiar al mundo es cambiar uno mismo. Como decía Gandhi: "Sé el cambio que deseas ver en el mundo".

Vamos a hablar de cómo puedes ACTUALIZAR tus creencias para dejar de pensar en "imposibles"… Pues los "imposibles" son simplemente eso: "imposibles" de creer… ¡pero posibles de hacer!

Lo hicimos, porque no sabíamos que era "imposible".

ERNESTO "CHE" GUEVARA

CAPÍTULO 4

Pero... ¿qué es la felicidad?

La felicidad es íntima,
no exterior; y por lo tanto no
depende de lo que tenemos,
sino de lo que somos.

HENRY VAN DYKE

Desde el principio de los tiempos, y como lo he sustentado en mis programas de radio valiéndome de escritos de varias "mentes brillantes", el hombre ha estado en busca de eso tan subjetivo, efímero y enigmático llamado "felicidad".

La felicidad es como un laberinto. Entre más la anhelamos, entre más la buscamos, más elusiva se vuelve; sin embargo, cuando menos lo esperamos y dejamos de buscar, surge en nosotros de pronto un sentimiento de pertenencia o sentimos que un pequeño detalle es invaluable y va más allá de lo que con palabras podemos explicar.

Un momento de felicidad tiene la capacidad de darle luz a tu ser y a tu vida y puede ser detonado por el suceso más pequeño e "insignificante".

Científicos incluso afirman que la felicidad puede curar enfermedades y alargar nuestra vida. Es el ingrediente que todos buscamos para tener una vida plena y completa. Es como el aire que respiramos: no somos conscientes de necesitarlo hasta que nos hace falta.

¡La felicidad nos hace sentir vivos!

Pero ¿por qué algunas personas son felices y otras no? Hay personas con una salud y recursos económicos abundantes y aun así se sienten infelices y desgraciadas. ¿De dónde debe provenir entonces una vida feliz?

No trates de ser feliz pues te harás infeliz.

Estarás constantemente comparando tus circunstancias presentes con tu idea de felicidad y vivirás en una eterna lucha con todo aquello que no entra en esa idea, dividiéndote en dos.

La verdadera felicidad es no tratar de ser feliz, no tratar de encajar en ese esquema tan claro y poco moldeable que nos hemos establecido. Es la invitación a estar completos, anclados y presentes exactamente donde y como estamos.

La felicidad, entonces, NO es un destino, una meta o un lugar al que finalmente debemos llegar. No es un estado ni un sentimiento positivo. No es algo que se te pueda "dar" ni tampoco algo que se te pueda "quitar".

La felicidad es un enorme lugar, un enorme bosque en el que la alegría y el sufrimiento, la soledad y la compañía, la emoción y el aburrimiento, la duda y la certeza, la tristeza y la alegría y hasta la desesperación pueden habitar, crecer, expresarse, descansar, vivir y morir en su único y exacto tiempo.

Es la noción de sentirnos vivos, y sin lo negativo no podríamos hacerlo. Todo tiene una dualidad en sí mismo.

La felicidad no tiene opuesto, es incluyente de todo lo anterior. Es tu naturaleza. Eres TÚ, antes de que llenaras tu mente con estereotipos absurdos e impuestos por otros; antes de que aprendieras a dudar de ti.

Entonces, no "trates" de ser feliz. Abraza tu infelicidad, déjala vivir el tiempo que deba ser, ofrécele asilo y hazla un santuario. Sólo entonces experimentarás la verdadera felicidad, conocida como la energía del amor... EL AMOR A TI.

Esto implica una nueva manera de ver todo lo que sucede en tu vida (¿recuerdas los tan necesarios *cambios* que te mencioné hace algunas páginas?), y tener una completa disposición a permitirte sentir lo que estás sintiendo y después dejar ir esos sentimientos, reconocer que nada es personal y que las cosas no te pasan A TI: las cosas simplemente suceden.

Las decepciones y tragedias personales pueden hacernos entumecer y paralizarnos hasta detener o poner "en espera" nuestra vida, incluso por años. Pero aun en los momentos más oscuros podemos tener aprendizajes —de hecho, es cuando más los debemos tener pues ¡para eso están!— y debemos saber que si escogemos crecer y evolucionar, al término de la oscuridad la luz será más brillante y pura.

> La felicidad se alcanza cuando lo que uno piensa, lo que uno dice y lo que uno hace están en la misma dirección.
>
> MAHATMA GANDHI

CAPÍTULO 5

Creencias erróneas sobre la felicidad

No existe un camino hacia la felicidad; la felicidad es el camino.

PROVERBIO BUDISTA

¿Hace cuánto no le sonríes al espejo? ¿Hace cuánto no te alegras genuinamente de verte a ti mismo y te dices lo bien que te caes, lo orgulloso que estás de ti?

Aunque no tengo hijos, me encantan los niños. Cuando interactúo con ellos en mi programa, en la sección "Caminito a la escuela", es cuando más me divierto, escuchando sus chistes y ocurrencias.

Los niños son la mejor muestra de lo que es la felicidad en un ser; son como imanes atrayéndola. Ellos sólo necesitan amor, seguridad y un espacio para jugar, para crear un mundo en el que reír es la única religión y la espontaneidad es obligatoria. Mientras vamos creciendo, vamos perdiendo el hermoso hábito de ser felices.

Sí, los niños son felices por hábito, no por elección o por necesidad, y es lo que con los años se va transformando y se torna completamente al revés debido a lo que nos van enseñando y forzando a creer que debe ser el paisaje perfecto de "una vida feliz". Vamos instalando semillas-pensamientos erróneos, mitos y leyendas sobre lo que debemos tener o alcanzar para ser felices, y es por eso que la felicidad se vuelve más que inalcanzable.

He aquí sólo algunos ejemplos:

CREENCIA ERRÓNEA 1:
SI FUERA MÁS GUAPO(A), SERÍA MÁS FELIZ

> La belleza que atrae rara vez coincide con la belleza que enamora.
>
> JOSÉ ORTEGA Y GASSET

Vivimos en una era en la que, tristemente, el físico de una persona es sobrevalorado. Se tienen como estándares de belleza de todas las edades a modelos súper delgadas con cuerpos perfectos, a hombres musculosos y demás celebridades cuyos físicos son simplemente inalcanzables.

Esto ha implicado un aumento de personas que padecen desórdenes alimenticios, invierten fortunas en cirugías y pasan días enteros en los gimnasios, todo para intentar detener el paso del tiempo o simplemente para lucir perfectas de acuerdo con lo que los estándares de la sociedad han impuesto como superior.

¿Qué nos pasa? ¿En qué momento se estableció la creencia de que si alguien quiere ser guapo o guapa debe lucir de cierta manera (todos iguales y queriéndonos parecer a un estereotipo creado por la mercadotecnia, por cierto)?

A pesar de sonar a cliché muy trillado, es verdad: cada uno de nosotros es un ser único y todos estamos cambiando constantemente, tanto física como emocionalmente. Es muy probable que en unos años una persona no recuerde el color exacto de tus ojos o la medida de tu cintura. Lo que recordará para su eternidad es *cómo se sintió en tu compañía* y *lo que aprendió de ti.*

Por eso es tan importante trabajar en el interior, en nuestra energía, pues sí, es verdad que ayuda, pero el físico realmente es algo secundario. La persona que ilumina una habitación cuando entra en ella no es la más bella físicamente, es la que con su brillo interno ilumina las vidas de los demás.

Así que: ¡acéptate, trabaja en ti, ámate, enamórate de ti!

La belleza comienza con la decisión de ser uno mismo.

COCO CHANEL

CREENCIA ERRÓNEA 2:
SI TUVIERA MÁS DINERO, SERÍA MÁS FELIZ

Pasamos demasiado tiempo pensando en una interminable lista de cosas que debemos tener antes de llegar a la felicidad absoluta. Lo malo (muy malo) de esta creencia errónea y de cualquiera a continuación es que todo lo que podemos llegar a conseguir también lo podemos llegar a perder, pudiendo causarnos el triple de infelicidad —dado el caso—, además de dejarnos con un sentimiento de culpa. Mientras le demos una importancia fuera de proporción a "cosas" externas a nuestro propio ser, siempre viviremos en descontento.

Piensa en algo: *si sólo tuvieras 24 horas de vida, ¿qué harías?* ¿Querrías obtener un objeto que ansías para satisfacerte (mediante cualquier medio: robar, asaltar, gastar tus ahorros, etcétera) o querrías pasar tiempo con tus seres amados?

El dinero puede comprar objetos, diversión y experiencias a muy corto plazo; sin embargo, no puede comprar la felicidad. *La felicidad nunca se podrá comprar.*

Las posesiones materiales son simplemente "cosas"; no nos pueden hablar ni amar ni reconfortar ni abrazar cuando lo necesitamos, pero sí tienen el potencial de hacernos comparar nuestra vida con la de otras personas y de alimentar nuestra insatisfacción y frustración, haciéndonos creer que nunca tendremos suficiente.

Las cosas no nos alivian ni nos curan ni nos hacen ser más, simplemente son "cosas".

Por favor, toma unos momentos para reflexionar y pensar en todo aquello no-material por lo que debes sentirte agradecido. Durante tu vida, qué o quién te ha hecho reír, sentir amado, sentir curiosidad, sentirte feliz. Piensa en tu familia, amigos, pareja, la música, la lectura. En lo que transmite la mirada de un animal, en un baile, un beso, un sabor, un paisaje, un olor, un viaje…

Tratar de ser feliz acumulando posesiones es como tratar de satisfacer tu hambre pegándote sándwiches al cuerpo.

GEORGE CARLIN

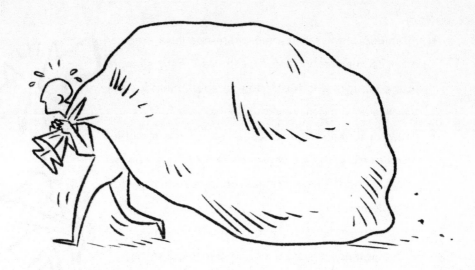

CREENCIA ERRÓNEA 3:
SI TUVIERA UN MEJOR TRABAJO, SERÍA MÁS FELIZ

Aquel que más posee,

más miedo tiene de perderlo.

LEONARDO DA VINCI

¿Has hecho un recuento de a cuántas personas envidias y quisieras ser como ellas?

Y sin embargo, ¿te has cuestionado por qué si él o ella tiene todo… es tan infeliz? Entonces… ¡deja de querer "ser" así!

A continuación te voy a decir lo que pasa cuando invertimos más en nuestro estatus social o imagen hacia los demás, en lugar de la alegría y satisfacción que nos debe hacer sentir una tarea específica en el planeta, llámale trabajo, ocupación u oficio.

- El miedo al fracaso (al qué dirán) nos lleva a actuar muy cautelosos, incluso "sacatones". Esto siempre nos conducirá a la frustración, al aburrimiento y, por ende, a la falta de crecimiento personal.
- Nuestra forma de ganarnos la vida y nuestros objetivos personales se irán enfrentando la una con los otros, yendo en direcciones opuestas en lugar de complementarse.
- Nos sentiremos poco comprometidos con lo que hacemos, no nos gustará o incluso lo rechazaremos.
- Nos costará trabajo delegar y trabajar en equipo.

El secreto para disfrutar de tu forma de ganarte la vida es tener gozo en cada pequeño logro, en cada proyecto concretado, pues esa energía de reconocimiento a ti mismo y gratitud para con la vida y para con Dios es la que te llevará a alcanzar el GRAN resultado final, y la que te hará apreciar y valorar cada instante al que le des el 150 por ciento de tu SER mientras vivas.

Como les he comentado al aire, tanto mis padres como mi hermana Hilda son maestros normalistas, es decir, estudiaron para ser EDUCADORES. Los admiro infinitamente pues a pesar de que es bien sabido que no es una profesión con la que te puedes hacer millonario, requiere de una gran VOCACIÓN. Ellos me enseñaron que el amor a tu profesión es lo que te hace ser excelente en la vida. Mi hermanita Hilda es una de las personas más devotas y dedicadas a su profesión y de quien aprendí desde pequeño dos conceptos de ORO: 1) Si disfrutas de tu trabajo y lo haces con amor, las personas que lo reciben pueden cambiar con esa energía positiva. 2) Tienes que dar siempre tu mejor esfuerzo, y "un poquito más". ¡Gracias, hermanita, por ser mi ejemplo a seguir!

Éxito es obtener lo que
quieres. Felicidad es
querer lo que obtienes.

DALE CARNEGIE

CREENCIA ERRÓNEA 4:
SI LA VIDA NO FUERA INJUSTA CONMIGO, SERÍA MÁS FELIZ

Alguien que me ha enseñado esto de manera clarísima es mi hermano Jesús, a quien admiro infinitamente pues a pesar de tener parálisis cerebral (ser muy inteligente y vivir en un cuerpo que no te responde... manos que no escriben ni dibujan... piernas que no caminan), estudió una carrera ¡DE MEMORIA! Es ingeniero mecánico, carrera en la que estudias un 99.9 por ciento de matemáticas y física. Él la hizo, ¡SÍ! ¡DE MEMORIA!

Hoy en día tiene un trabajo en el que, además de disfrutar y divertirse, ha podido desarrollarse y sobre todo APORTAR grandes avances tecnológicos para nuestro país. Él es mi más claro ejemplo de que cuando amas lo que haces, los resultados siempre serán excelentes al final del camino. ¡Gracias, hermanito, por contagiarme tus ganas!

Si tú eliges creer que la vida es injusta, el Universo siempre será justo y te dará exactamente eso que piensas que tienes y de lo que inconscientemente estás pidiendo más: una vida "injusta". Entonces, te costará muchísimo trabajo ser feliz pues estarás plantando en tu mente semillas de carencia y te mantendrás siempre en el papel de víctima de las "circunstancias".

Pero como el psiquiatra austriaco Viktor Frankl dice en su gran obra, *El hombre en busca de sentido* (libro en el que relata vivencias personales y la historia de un campo de concentración nazi visto desde dentro), hasta en las peores circunstancias es posible ELEGIR tu actitud hacia tus situaciones y no perder tu sentido de identidad. En ella se basó Roberto Benigni para hacer la extraordinaria película *La vida es bella*; por favor, vela.

Cuando alguien se ve golpeado por una serie de eventos desafortunados, es casi inevitable que se pregunte: ¿por qué yo?, ¿por qué a mí? Es necesario entender profundamente estas cosas:

1. ¿Qué estaba creyendo respecto a MÍ mismo y frente a quien yo puedo llegar a ser, independientemente de partidos políticos, compadres, vecinos, amigos, familiares y cualquier otra persona, cercana o lejana a mí?

2. Lo que hayas creído y sigas creyendo siempre REFLEJARÁ TU ÉXITO O FRACASO.

3. TU ÉXITO O FRACASO EN LA VIDA SÓLO DEPENDERÁ DE UNA SOLA PERSONA: TÚ.

4. Nunca importará lo limitado que estés por las creencias y circunstancias del mundo que te rodeen. Al primer astronauta mexicano Neri Vela siempre lo llamaron "loco" e "irreal" cuando platicaba que quería ir al espacio exterior. Obvio, su círculo más cercano nunca fue allá... ¡ni irá!

5. Los límites los marcas tú. JAMÁS DEJES INFLUIRTE POR LO QUE TUS MEJORES AMIGOS O AMIGAS TE DIGAN. Ésas son SUS creencias.

6. TODO TE SUCEDERÁ EXTRAORDINARIAMENTE IGUAL A LO QUE ESTÁS CREYENDO.

7. ¡Cambiar tu forma de pensar CAMBIARÁ TODO! Incluso la vida de los que te rodean más cercanamente.

CREENCIA ERRÓNEA 5:
SI ENCONTRARA EL AMOR, SERÍA MÁS FELIZ

> No ser amados es una simple desventura; la verdadera desgracia es no amar.
>
> **ALBERT CAMUS**

Sentirnos amados nos hace felices, eso es verdad. Pero cuando el amor se acaba o cambia de forma y se vuelve celoso, posesivo, tedioso y una pelea interminable, lo peor que podemos hacer es aferrarnos a él.

De lo más importante que venimos a aprender a esta vida es ¡A AMAR! Pero también a soltar una vez que el amor se acabó o cambió de forma en nosotros o en nuestra pareja. No hacerlo se convierte en lo más denigrante, autodestructivo y debilitante para ambos.

Cuántas veces nos quedamos en una relación que ya no tiene nada que ofrecer de bueno a ninguno de los involucrados solamente por costumbre, por comodidad, por dependencia económica, por apariencias o por creer que nunca podríamos conseguir a alguien mejor.

El amor es un regalo que nos enseña tanto de alegría y dicha como de dolor y tristeza. Lo que —a pesar del trabajo que cueste— debemos entender es que nadie le pertenece a nadie. Nadie puede ser tu dueño y tú no puedes adueñarte de nadie. El amor no es cuestión de "posesión". Lo único que podemos hacer es compartir momentos en el tiempo que sean inolvidables y hacer que la vida de nuestra contraparte sea más rica mientras estamos juntos.

¡EN EL JUEGO DEL AMOR GANA QUIEN DA MÁS! NUNCA GANARÁ LA PERSONA QUE RECIBA MÁS.

Por favor, recuerda:

- El tiempo no cura las heridas pero sí ayuda a que los sentimientos de tristeza y pesar se transformen en bonitos recuerdos.
- El amor no es finito, siempre habrá espacio para sentir y dar más. Siempre podrás amar de nuevo, sólo debes esperar a que tu herida sane y estés listo para conocer a una nueva persona (tal vez una que te hará incluso más feliz que ésta por la que lloras), comprometerte y darle lo mejor de ti.
- Cuando un amor de pareja termina, acepta con gusto el amor de amigos y familia; eso sin duda te ayudará a sanar más pronto.
- Y, POR FAVOR, TEN EN CUENTA: LO MEJOR ESTÁ SIEMPRE POR VENIR.

Si quieres felicidad por una hora,
toma una siesta.
Si quieres felicidad por un día, ve a pescar.
Si quieres felicidad por un mes,
contrae matrimonio.
Si quieres felicidad por un año,
hereda una fortuna.
Si quieres felicidad por una vida,
ayuda a alguien.

PROVERBIO CHINO

Después de haber leído estas "creencias erróneas", ¿no te sientes mejor?, ¿no te sientes como aliviado, como si te hubieran quitado una inmensa piedra de los hombros que has estado cargando durante tantos años? ¡Yo sí! Espero que tú también. Y creo que me darás la razón en unas páginas más.

La verdad es que si nos ponemos a analizarlo de manera simple, no es tan difícil ser feliz. Porque la felicidad no puede (ni debe) ser un estado en el que vivamos las veinticuatro horas del día; eso también sería tedioso, irreal y hasta molesto y aburrido. La felicidad son momentos y fielmente creo que a lo que todo ser humano aspira es a que la mayoría de sus momentos sean agradables, tranquilos, pacíficos y memorables.

Permíteme platicarte una serie de eventos que me han sucedido en los últimos quince años que he tenido al aire mis programas (esto aunado a mis dos primeros libros y al #EfectoPositivo).

Siempre he querido llevar un aspecto propositivo en la vida de mi sociedad; comencé a transmitir frases, pensamientos, "Mentes brillantes", y todo lo que fuera constructivo para la comunidad. Cuando comencé fue muy bien recibido por ustedes, mi hermoso público. Luego muchos más lo comenzaron a hacer y ahora en casi todas las emisoras lo han copiado tal cual, tanto al aire como en redes sociales…

Sin embargo, me aferré a continuar pues fui el pionero en hacerlo y me di cuenta de que con esto podía contribuir aunque fuera un poco a que ustedes estuvieran mejor en momentos difíciles de su vida.

Gracias a Dios, ustedes lo siguieron aceptando. Pero… ha habido circunstancias en las cuales mi vida, y sobre todo mis experiencias, no han sido tampoco para reír. A veces alguno de ustedes me encuentra en la calle y me pregunta: "Toño: ¿qué pasó tal día que te escuché quejándote de x cosa? Estabas muy amargado, triste, enojado…". ¡Desde luego! ¡Soy humano! Y de eso se trata este libro, y cualquier otro que sea auténtico. Imagina siempre estar con una sonrisota feliz… ¡falsa! Eso es imposible.

Por eso te dije antes que estoy muy lejos de ser "perfecto". ¡Y ni siquiera busco eso! Yo quisiera ver a alguien "perfecto"... ¡Nadie!

Por eso aquí vale la pena volver a citar la justificación de este libro. Vale la pena recordarte por qué escribo mi tercer libro... Simple y sencillamente porque TÚ y YO hemos tenido y tendremos SIEMPRE la necesidad de AU-TOSUPERARNOS, de Ser, aunque sea en una puesta de sol, un amanecer, una lluvia, una canción, un aroma, en un abrazo, en un beso... mucho más sensibles... más humanos... ¡mejores! No para los demás, pero sí para no-sotros mismos y, por consecuencia divina, para los demás, para el país que habitamos, para la cuadra en la que vivimos, para la familia que nos dio y legó la historia que somos.

CAPÍTULO 6

Algunos de los peores enemigos de la felicidad

La mayoría de las personas tienen miedo a la muerte, pues no han hecho nada de su vida.

PETER USTINOV

EL MIEDO

El miedo es uno de los temas que más toco en mis programas, pues lo considero el más grande detractor del desarrollo personal.

Existen teorías que dicen que a todos lo que nos mueve es el miedo. Ya sea el miedo al éxito o el miedo al fracaso. No sé si eso sea tan cierto, lo que sí sé es que el miedo tiene un papel demasiado importante en cuanto a la manera que tenemos de pensar acerca de las personas, las cosas y los retos que nos rodean y se nos presentan cada día.

Nuestros pensamientos e ideas impactan directamente en la manera en la que actuamos, predisponen por completo nuestras acciones y, si sentimos miedo, eso puede hasta obligarnos a dejar de hacer lo que debemos hacer. En pocas palabras, puede PARALIZARNOS.

Si encontramos la manera de aceptar nuestros miedos y de "hermanarnos" con ellos, es decir, portarlos con seguridad y orgullo, les restamos el poder de hacernos sentir pequeños e indefensos.

La conquista de nuestros miedos es algo fácil de decir y no tan fácil de hacer, pero mi intención es hacerte saber que no hay imposibles y que esto significa retomar el control sobre tu vida.

Como un mecanismo de defensa, a veces podemos tratar de "enmascarar" nuestros miedos y disfrazarlos de otra cosa. Podemos llamarles procrastinación, enfermedades físicas o emocionales o falta de tiempo, entre otros nombres. No tienes que disfrazar el miedo; es mucho mejor aceptarlo y vivirlo, y si es necesario buscar apoyo o consejo.

Debemos entender que no hay necesidad de temer al miedo. El miedo es una respuesta natural y en ocasiones muy necesaria para avisarnos de ciertos peligros y mantenernos vivos. Es simplemente una respuesta natural a situaciones que nuestro cerebro procesa como "no seguras", y las reacciones físicas y químicas que causa son para que nosotros mismos establezcamos los límites que necesitamos.

Identificar y aceptar las situaciones que detonan tus miedos y saber tus reacciones hacia ellos te puede ayudar a mantenerte enfocado en tu objetivo cuando te sientas temeroso, muy miedoso, por no decir APANICADO. Si tu miedo es más grande que tus metas, probablemente el desenlace no sea muy bueno. Pero si llegas a conocer tus miedos y tus reacciones hacia ellos, eso significa que puedes darles un buen uso; de hecho, puedes incluirlos en tu vida como algo muy útil y necesario, pues sabes que están en la debida proporción y que no tendrán más peso que tus sueños y lo que te has fijado como objetivos.

TÚ seguirás teniendo el control de tu vida, como debe ser. TÚ y únicamente TÚ.

> El hombre que tiene miedo
> sin un peligro, inventa el peligro
> para justificar su miedo.
>
> ALAIN

LA INDECISIÓN

La indecisión puede en muchas ocasiones llevarnos a no decidir, lo cual es una decisión ya tomada en sí.

Cuando nos sentimos indecisos, experimentamos angustia y mucha presión. Esto se debe a que en ese momento no somos capaces de evaluar de manera objetiva el resultado de las posibilidades (las dos o tres sobre las que estamos indecisos); en pocas palabras, no alcanzamos a saber cuál de los caminos es el que más nos conviene, pues la balanza no se inclina claramente hacia uno de ellos.

Te invito a que le des una nueva perspectiva a la indecisión para poder conciliarte con ella y así evitar que sientas ese miedo paralizante del que hablamos.

- Detente.
- Respira.
- Observa el lugar en el que estás en este momento.
- Piensa que cualquier decisión que deba ser tomada, será resuelta en el tiempo exacto y perfecto. Las respuestas llegarán cuando estén listas.
- Analiza las CONSECUENCIAS de cualquier decisión que tomes y observa cuáles de ellas te harían sentir mejor y de cuáles te arrepentirías.

Con esta nueva visión puedes dejar de experimentar la indecisión como un proceso largo y angustiante y, por el contrario, verlo como un campo abierto de buenas posibilidades y probabilidades.

LA PROCRASTINACIÓN

La procrastinación, postergación o posposición es la acción o hábito de retrasar actividades o situaciones que deben atenderse de manera inmediata, sustituyéndolas por otras más irrelevantes, agradables o que no son urgentes. En pocas palabras, procrastinar es "hacer concha", "hacerse de la vista gorda", ponerse a *chacotear* en lugar de actuar sobre algo que nos causa cierto sentimiento de miedo, angustia o desagrado, para dedicarnos mejor a algo más fácil y divertido. También es la forma más común de autosabotaje, pues es realmente sencillo hacerlo.

Piensa que tu cerebro tiene todos los recursos que necesitas para evaluar, cuestionar y acomodar los pensamientos almacenados a lo largo de tu vida y así poder sacar de ellos buenas probabilidades de resolver un problema.

La procrastinación es un sistema de protección del cerebro que tiene varias funciones. Una de ellas es decirnos que necesitamos más información, conocimiento o una visión diferente acerca de lo que estamos queriendo dejar para después. También puede ser una señal de que estamos incómodos con algo que percibimos como nuevo, así que tratamos de retrasar lo más posible nuestro compromiso hacia ello.

Por supuesto que también puede ser simplemente flojera o desidia disfrazada. La clave para eliminarla es autoanalizarnos para saber por qué estamos procrastinando algo y así saber lo que a continuación debemos hacer… ¡y hacerlo!

EL ENOJO

El enojo es una de las emociones más intensas que podemos sentir. Nos calienta la sangre, nos hace sonrojar y nos hace rugir como leones. Si vieran cómo me enojo yo, creo que no se lo pueden ni imaginar… Exploto con quien o con lo que esté a mi lado y me tardo varias horas en volver a un estado de paz. Sobra decir que a veces las consecuencias no son padres y debo terminar pidiendo perdón.

Sin embargo, se tiene un concepto distorsionado acerca del enojo, pues se ha tomado como algo "malo", algo que hay que evitar y algo que debemos calmar en cuanto surge. ¡No! ¡No es así!

Si tienes razones para sentirlo, ¡siéntelo!, siéntelo profundamente hasta en los huesos. ¡Siente su poder, su grandeza, su fuego, su pasión! Permite que te recuerde que estás vivo, que el Universo entero vive para ti, en ti y a través de ti, que tienes derecho a reaccionar, a opinar y a redescubrir tu coraje y tu valor.

No lo rechaces, no lo niegues, no lo empujes, no lo saques de ti antes de que haya terminado su ciclo de enseñanza. Sin violencia.

Pero ten cuidado con darle asilo demasiado tiempo, que es lo que a muchos nos pasa. Si nos aferramos demasiado al enojo o si se nos sale de control, podemos hacernos incluso más daño que la persona o la situación que nos hizo enojar en un principio.

Una de las mejores armas para suavizar el enojo y así poderlo vivir correctamente es el humor, pues es un gran instrumento para cambiar de un estado de ánimo a otro.

> Por cada minuto que estás
> enojado, pierdes sesenta
> segundos de felicidad.
>
> RALPH WALDO EMERSON

LA CULPA

Por favor, vuelve a pensar en eso que ya te he dicho… Todos estamos conectados y TODOS somos instrumentos a través de los cuales suceden cosas y llega información. Todo lo que estás sintiendo y pensando en este momento no ha sido causado por nadie más y nadie te puede hacer sentir y pensar diferente.

Nadie tiene la culpa ni es responsable por lo que te pasa a ti. Debes aceptar esto antes de proseguir con la nueva vida que te quieres generar, pues es la base para recuperar tu poder personal, tu centro de equilibrio emocional y así poder vivir en el momento presente.

Sí, algunas personas o situaciones pueden detonar sentimientos que llevas latentes, como la ira, la tristeza o el dolor, pero esas personas NO pueden

HACER que tú sientas de tal o cual manera. No pueden CREAR sentimientos en ti. Es responsabilidad tuya el CÓMO respondes a estas situaciones o sentimientos una vez que fueron detonados.

LA TRISTEZA

No quieres que tu tristeza desaparezca, lo que tienes que hacer es darle un contexto y una percepción distinta a eso que la está provocando.

La tristeza puede tumbarnos en la cama varios días. Se convierte en depresión y lo peligroso es que se puede volver algo crónico. Déjala estar el tiempo que deba estar contigo, pero cuando te canses de sentirla, dale un giro y utilízala a tu favor.

La manera en que le puedes sacar provecho es utilizándola para aprender nuevas cosas. Escucha música que nunca antes habías escuchado, habla con alguien con quien nunca te habías atrevido a hablar, lee, dibuja y verás qué cosas maravillosas pueden surgir mirando el mundo a través de ojos tristes.

Lo genial es que haciendo todo esto nuevo, la tristeza irá poco a poco desapareciendo, cediéndole lugar a una nueva visión de la vida.

EL DOLOR

Generalmente asociamos el dolor con sentimientos de fracaso, abandono, culpa, vergüenza, desesperanza y equivocación. Sentimos cosas desagradables en el cuerpo que se intensifican al tener un dolor emocional.

Lo percibimos como un obstáculo en nuestro camino hacia la paz, sentimos como si nuestro organismo estuviera en nuestra contra, que hemos fallado y NOS hemos fallado, que somos víctimas de una broma cósmica… una causa perdida.

Cuando tratamos de curarnos un dolor, perdonarlo, soltarlo o incluso "aceptarlo", lo que estamos haciendo realmente es tratar de "eliminarlo". Y por supuesto lo que obtenemos es resistencia por parte de la experiencia que lo está causando. Obviamente no quieres que tu momento sea como está siendo. Quieres hasta ser una persona diferente, con una vida diferente y en un lugar diferente.

"El miedo se convierte en tu enemigo... y en tu némesis", dice Jeff Foster, uno de mis escritores favoritos y que leo mucho en mis programas. Entonces debes dividir tu ser en dos: tú *versus* tu dolor.

Quiero que entiendas que sanar no necesariamente lleva a desaparecer el dolor; incluso puede llegar a INTENSIFICARLO y hacerlo crecer. Sí, leíste bien: intensificarlo, pues la sanación de una herida no es un destino, es una invitación a recordar siempre quién eres, de dónde vienes, hacia dónde vas y de lo que eres capaz.

El dolor es de los más grandes maestros que podemos tener. Nos hace reflexionar sobre lo que nos llevó a sentirlo, nos hace agradecer por su presencia y por su ausencia, nos hace valorar lo que tenemos y nos puede hacer sentir individuos completos.

El dolor es una poderosa expresión de la vida misma. Siéntelo, vívelo, agradécele y suéltalo cuando deba irse.

LA DECEPCIÓN

Para mí, éste es un punto muy importante pues de alguna manera lo relaciono con la lealtad y por supuesto con la FALTA de ella. La lealtad es la base de todas las relaciones y la decepción es la consecuencia de la falta de lealtad.

Todos hemos sentido decepción. Ha llegado a nosotros de varias formas; puede ser una promesa rota, un plan fallido, un tiempo no cumplido, una verdad revelada o cualquier evento que no esté alineado con nuestros planes o ideas. La decepción es por algo que se pierde… o se encuentra… o se descubre que nunca existió.

Nuestro primer impulso ante una decepción es correr hacia el lado opuesto, tratar de negarlo o fingir para nosotros mismos que nunca sucedió. Otra reacción común es sumirnos en la autoflagelación y acercarnos a estímulos temporales de tranquilidad, como el alcohol, las drogas, el sexo, el ejercicio, las compras desenfrenadas… Créeme que ése no es el camino.

La decepción puede ser, además de una gran amiga que está de nuestro lado, una gran maestra. El dolor que nos causa no es un error ni un bloqueo. Si la dejamos "ser" en el momento que la sentimos puede ser un túnel de apertura que nos recordará siempre que hay cosas sobre las que no tenemos control y que debemos ser flexibles, humildes y compasivos.

El truco de la decepción es que ataca directamente a nuestro ego y es por eso que nuestra parte racional se ve afectada. Pero piensa que esto puede significar una gran liberación, pues en nuestros hombros no cayó la responsabilidad; nosotros continuamos siendo dueños de nuestra vida y nuestras circunstancias. Los finales no son más que principios disfrazados.

¡Abraza a tus enemigos! No hay nada que los debilite más…

> ## Perdona siempre a tu enemigo. No hay nada que lo enfurezca más.
>
> OSCAR WILDE

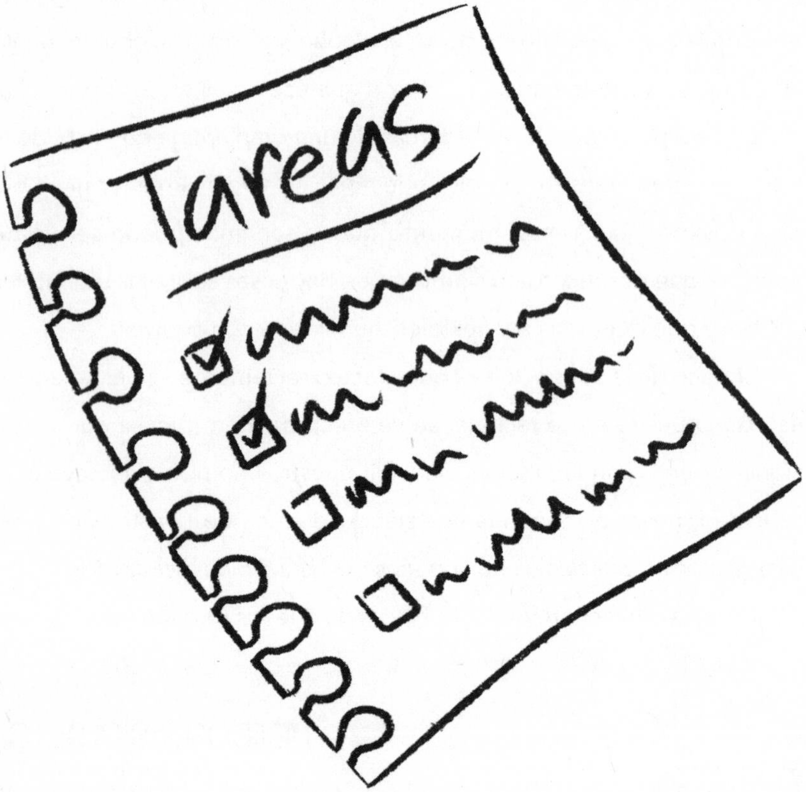
Tareas

CAPÍTULO 7
La felicidad como hábito

Su carácter es esencialmente la suma de sus hábitos; es como usted actúa habitualmente.

RICK WARREN

Si en nuestra vida contamos con la felicidad como un hábito (así como bañarnos, desayunar ciertos alimentos, hacer ejercicio, tomar agua, dormirnos a cierta hora), más que algo impuesto, obligatorio o más difícil de conseguir que el Santo Grial, será para nosotros mucho más sencillo hacer el cambio de nuestros pensamientos de negativos a positivos.

Antes de poder identificar los pensamientos que detonan tu miedo como una granada, debes echarte un chapuzón a tu interior para así conocer la fuente de tus miedos y entender bien qué es lo que realmente te puede hacer feliz.

Ahora, por favor saca tu pluma y tu cuaderno. Necesito que le pongas la fecha a este día en el que vas a responder las siguientes preguntas. Esto es importante, pues si en seis meses de trabajo interno te preguntas lo mismo, tus respuestas deberían ya ser completamente diferentes. Pregúntate:

- ¿A qué le temes? ¿Tu miedo es a algo real o a algo imaginario? (La mente no puede diferenciar entre uno y otro.)
- ¿Qué te motiva a hacer y qué es algo que podría estarte deteniendo?
- ¿Sobre qué tienes control —y lo puedes cambiar?
- ¿Sobre qué NO tienes control —y lo debes aceptar?
- En una escala del 0 al 10, ¿qué tan feliz te hacen las decisiones que tomas?
- Las decisiones que tomas, ¿te llevarán o alejarán de tu tan anhelada felicidad?

> Los tímidos tienen miedo antes del peligro; los cobardes, durante el mismo; los valientes, después.
>
> JEAN PAUL

BUTÁN:
una nación construida sobre su FIB
(felicidad interna bruta)

Les quiero comentar una historia que me gusta porque representa el poder de la determinación. Para mí significa que, tengamos las circunstancias que tengamos, lo bien o mal que nos vaya como nación, comunidad o individuos es una decisión propia y no de agentes externos.

En la región más alta de los Himalayas, anidada entre las fronteras de la India y China, se encuentra el Reino Budista de Bután. No es un país rico ni mucho menos, siempre estuvo en continuas guerras, la mayoría de su población se dedica a los sectores agrícola y ganadero y hoy sigue teniendo una serie de problemas graves propios de un país, pero su gente (poco menos de 800,000 habitantes) ha sido determinada como la más feliz del mundo. Esto tiene su origen en la influencia del cuarto rey de Bután, Jigme Singye, quien creía que el progreso y nivel de avance de un país no se debe medir únicamente bajo parámetros económicos, sino también por el nivel de felicidad de sus habitantes.

Viajó alrededor de todo el mundo y se cuenta que al estar en una convención en La Habana, Cuba, un reportero de la India le preguntó sobre el PIB (producto interno bruto) de Bután. La respuesta de aquel monarca impactó a todos los presentes: "En Bután no nos importa el PIB (producto interno bruto), lo importante para nosotros es la FIB (felicidad interna bruta)".

Y hablaba tan en serio, que estableció en todas las leyes y constituciones gubernamentales la FIB como una política. Lo que clama es un equilibrio entre lo material y lo espiritual en las áreas de desarrollo social, preservación cultural, conservación y gobierno. Los butaneses cuentan con servicios de salud y educación totalmente gratis. Desde la institución de estos cambios en 1978, la expectativa de vida para ellos ha aumentado en 20 años y el ingreso per cápita familiar ha crecido un 450 por ciento.

Ojalá que en mi amado México copiáramos lo bueno de otros países y no lo malo. Pero estoy seguro de que ¡si se quiere, se puede!

PARTE 2
Descargar

CAPÍTULO 8
¿Dónde estamos ahora?

Vivimos en una era de grandes avances tecnológicos. Cada vez son más las máquinas con las que tenemos interacción. Hemos enviado cientos de satélites al espacio; hacemos uso desmesurado de nuestros teléfonos celulares, tabletas y computadoras; cada vez automatizamos más todos los procesos y sustituimos empleos humanos con robots. El avance tecnológico de los últimos veinte años ha sido simple y sencillamente asombroso. Tristemente y como consecuencia, la gente ha dejado de VIVIR.

Me acuerdo perfecto de todo lo que hacíamos antes de que la tecnología tomara el control. Qué bonito era salir, ver, tocar, convivir… Mucha gente, si no es que la mayoría, se ha olvidado de cómo experimentar la VIDA sin el uso o apoyo de toda esta tecnología y ha olvidado también cosas muy básicas, como confiar en sus instintos y aprender a interpretar las señales que Dios y los ángeles nos mandan a través de la naturaleza, de las diosidencias y de otras personas.

Se han hecho grandes avances médicos para el desarrollo y la manufactura de tecnologías hospitalarias y medicamentos, lo que también nos ha hecho olvidar nuestra capacidad curativa intrínseca, de la cual hablo más adelante.

La mayoría de las personas trabajan duro de sol a sol intentando tener una vida lo más decente y próspera posible, encontrándose con un tedioso anochecer tras un monótono amanecer… día tras día y cada día.

No me canso de decirlo al aire: la capacidad de estar en el momento presente, de estar verdaderamente aquí y ahora, es el mejor antídoto para no quedarte atrapado en el pasado. Y más importante aún, es la catapulta más poderosa para lograr realizarte en el mundo de lo posible.

Basta con cerrar los ojos unos momentos y sentir cómo se desacelera tu corazón, respirar conscientemente sintiendo cómo el aire que entra expande tus pulmones y al salir se contraen. Con imaginar un flujo de luz dorada que recorre todo nuestro ser a través de nuestro torrente sanguíneo. Basta con estar relajado (mientras sigues con los ojos cerrados) pero atento a lo que percibe cada uno de tus sentidos. Tal vez sientas frío o distingas algún olor. Tal vez escuches a lo lejos el teléfono sonar, pero tú sigues concentrado en tu aquí y tu ahora.

Si haces esto por unos minutos al día en la mañana, cada vez podrás estar más consciente de tu ser presente, del milagro que implica tener un cuerpo físico con el que podemos lograr las más increíbles expresiones de arte, de lo maravilloso que es que ocupes un espacio en el Universo y de lo importante que eres para todo con lo que estás relacionado (que es TODO).

En ese momento en que estás por completo conectado contigo, no existe nada más. No existen problemas, no existen preocupaciones, no existe pasado ni futuro pues estás disfrutando de ti en el único instante que realmente existe: el presente.

Es cierto, hemos perdido la capacidad de atraer todo lo que necesitamos simplemente utilizando el poder de nuestra mente conectado a la Inteligencia Infinita, a la Energía Cósmica de la cual somos parte.

Es hora de volver a nuestras raíces, de volver a conectarnos utilizando el enorme potencial que tenemos de recibir lo que —como he comentado anteriormente— es nuestro por derecho divino: LA FELICIDAD.

CAPÍTULO 9
¿Cómo crear una nueva realidad?

El Universo entero se encuentra
en un estado continuo vibratorio y
cada cosa genera su propia
y ÚNICA frecuencia.

MASARU EMOTO

Los pensamientos crean la realidad. Cada vez más y más científicos (no sólo los gurús y maestros espirituales tan de moda) sugieren que lo que pensamos afecta directamente nuestra realidad.

¿Por qué hay personas cuyas vidas son series de repeticiones de fracasos y tristezas, mientras otras más disfrutan de una existencia llena de alegría y sucesos exitosos? ¿Por qué algunos van de relación en relación (todas fallidas), mientras otros gozan de haber encontrado a su pareja perfecta para muchos años?

¡¿POR QUÉ?!

¿Qué es lo que hace capaz a una persona de tener una carrera profesional exitosa, mientras que aparentemente otros están eternamente atrapados en trabajos que detestan porque no les dan satisfacción? Y lo más importante, ¿puede una persona con mala suerte cambiarla y así disfrutar de una vida feliz?

Estos mismos científicos han hecho estudios que demuestran que, teniendo una actitud diferente HACIA la vida, la existencia de esas mismas personas que siempre habían tenido mala suerte y malas situaciones comienza a mejorar. Cambiaron el drama y la espiral negativa y descendente en la que se encontraban, por una positiva y ascendente, una en la que la "suerte" les empieza a sonreír y a estar de su lado.

El científico y profesor Richard Wiseman, de la Universidad de Hertfordshire, tiene un estudio amplio y completo acerca de la "suerte", tras estudiar durante varios años a cientos de personas diferentes (de 18 a 84 años). No quiero entrar en detalles acerca del estudio, pero sí me gustaría comentar los cuatro principales hallazgos del profesor Wiseman sobre ese tema llamado "suerte", cuya existencia es tan controversial:

1. Si deseas tener "suerte", escucha a tus instintos, hazle caso a lo que tu estómago te dice, pues generalmente tiene la razón.
2. Mantente abierto a nuevas experiencias y a romper de un día para otro tus rutinas.
3. Dedica unos minutos al día para hacer el recuento de las cosas que salieron bien. Siéntete orgulloso y contento por esos logros, grandes o pequeños. No pienses en las cosas malas, únicamente en las buenas.
4. Visualízate a ti mismo siendo muy exitoso y afortunado siempre que vayas a entrar a una junta, a tener una llamada clave o a hacer algo importante en tu trabajo. Sea lo que sea.

Recuerda que la suerte es, las más de las veces, una profecía autocumplida.

Al contrario de lo que usualmente se cree, la felicidad y el éxito no se logran mediante grandes golpes puntuales de suerte, sino mediante las pequeñas acciones que se acumulan día tras día.

BENJAMIN FRANKLIN

Por otra parte, el tema de la energía está estrechamente ligado a la forma en que creemos nuestra realidad. No quiero meterme de más en términos científicos y hacer que te aburras, pero esto es exactamente de lo que habla la metafísica o física cuántica.

Eres energía. Yo soy energía. Todo lo que hueles, tocas, escuchas y ves, es energía. Cada criatura, árbol, planta, objeto —incluso tus pensamientos y sentimientos— son energía. Hasta cuando aparentemente no hay nada más que un espacio vacío, hay energía.

Los pensamientos, al ser energía, implican una transformación en nuestro interior y en nuestro exterior o realidad, y simplemente reflejan aquello que estamos pensando que es lo mismo que la frecuencia vibratoria que estamos generando. Por eso, si nuestros pensamientos son negativos, esa energía negativa EXISTE y se debe manifestar de alguna manera. Puede hacerlo en nuestro cuerpo (causándonos enfermedades), en nuestra vida, en nuestro trabajo o en nuestras relaciones personales. Comienza una cascada de eventos poco afortunados que sólo nos refuerzan lo negativo que estamos creando al pensarlo.

¡Hey, no te vayas! Lo bueno de todo esto es que sucede lo mismo al tener pensamientos positivos. Cuando "creamos" energía positiva, nos empieza a ir bien, nos rodeamos y llenamos tanto por fuera como por dentro de cosas buenas que se reflejan en nuestra vida como éxitos, alegrías y satisfacciones.

Ya sé que el tema del "pensamiento positivo" suena ya muy trillado y hasta como a cliché, pero es la verdad; no lo veamos como una moda de la que todo el mundo quiere sacar provecho (y ganancias) en las últimas décadas, sino como una ley inmutable del Universo que existe desde su misma creación. Física pura.

CAPÍTULO 10
Trabaja por un cerebro feliz

La mente es como
un paracaídas. No funciona
si no está abierta.

ALBERT EINSTEIN

Para desarrollar tu potencial, debes aprovechar al máximo una computadora que ha demostrado ser de las máquinas más poderosas del Universo: TU MENTE. La buena noticia es que la tienes justamente dentro de tu cabeza, que es totalmente tuya ¡y que es gratis! Es tu esclava particular y te obedece sin dudar; sin embargo, y como cualquier otra máquina que pudieras comprar hoy en día, debes entender cómo funciona (sólo que tu MENTE viene sin instructivo).

Uno de los grandes descubrimientos de la neurociencia reciente es el proceso mediante el cual las células neuronales se crean; un proceso llamado *neurogénesis* y que se lleva a cabo en la región cerebral del hipocampo. La importancia de este descubrimiento es que vino a iluminar la idea de cómo el cerebro se autorrepara, así como nuestra infinita capacidad de aprender. (Y no me vea usted así, porque aunque no lo crea, un reciente estudio llevado a cabo en Suecia tras un accidente cerebrovascular, demostró que el cerebro cuenta con un mecanismo que es capaz de crear nuevas células nerviosas o neuronas. Está publicado en la revista *Science*.)

El cerebro no es un vaso por llenar sino una lámpara por encender.

PLUTARCO

Sabemos muy poco sobre el cerebro humano. Pero en cada nuevo descubrimiento que hacen los neurocientíficos existe evidencia de su plasticidad (capacidad de adaptarse a cambios externos e internos) y de su habilidad de reinventarse a lo largo del tiempo.

El cerebro está constantemente realizando conexiones y disparando sinapsis (que en pocas palabras son las regiones de comunicación entre las neuronas), así que cuando aprendemos algo *nuevo*, se crea en nuestro cerebro un "camino neuronal" que nunca antes había existido.

La *repetición* de eso nuevo que acabas de aprender es lo que refuerza los caminos neuronales relacionados a esa actividad, pensamiento o idea nueva, permitiendo crear una nueva *mentalidad* o *habilidad*. En otras palabras, el cerebro es quien nos permite cambiar (¡benditos cambios!) y adaptarnos mejor a esos cambios que se nos presenten o que nosotros nos provoquemos.

El cerebro es un paquete de ideas arrugadas que llevamos en la cabeza.

RAMÓN GÓMEZ DE LA SERNA

El cerebro está cambiando todo el tiempo de acuerdo con las conexiones neuronales que hacemos cada vez que tenemos una idea o pensamiento. Sabemos también que entre más repitamos un pensamiento, más fuerte se hará esa conexión neuronal, ya sea un pensamiento positivo o negativo; el cerebro realmente no hace distinciones: sólo trabaja a nuestro servicio y sigue nuestras órdenes al pie de la letra. Más nos vale que sean positivos, ¿no crees?

Otro dato que creo que vale la pena mencionar es que si, por ejemplo, no tenemos constantemente pensamientos de compasión, felicidad, talento, esperanza, dicha o gratitud, NO estamos creando esas conexiones cerebrales y con la edad vamos perdiendo la capacidad para crearlas. Si, por el contrario, nuestros pensamientos son todos negativos, ésas son las conexiones que prevalecerán en nuestro cerebro como más fuertes y establecidas y después nos resultará mucho más difícil cambiarlas. Está cañón, ¿no?

¡O LO USAS O LO PIERDES! Esto no es un cliché o algo romántico que se me ocurrió: es algo total y científicamente cierto. Pero si estás leyendo este libro significa que estás dispuesto a cambiar y a mejorar. Probablemente has sentido que hay algo mucho más grande esperando por ti, que existe un llamado que aún no has contestado, que te gusta la idea de abrirte a nuevas posibilidades y aventuras, a nuevos retos, a descubrir lo que te apasiona y entregártelo.

Por supuesto que lo nuevo nos hace sentir escepticismo y miedo, ¡pero también mucha emoción! Obstáculos que nos hagan renunciar siempre habrá, por eso: ¡aférrate a esa emoción y no la sueltes!

Los hombres deberían saber que del cerebro y nada más que del cerebro vienen las alegrías, el placer, la risa, el ocio, las penas, el dolor, el abatimiento y las lamentaciones.

HIPÓCRATES

CAPÍTULO 11

Quita el piloto automático y cambia de hábitos

> No sé a dónde vamos
> desde aquí, pero te prometo
> que no será aburrido.
>
> **DAVID BOWIE**

¿No has sentido en ocasiones que no eres tú mismo? ¿Que es alguien más quien está viviendo tu vida?

Yo tengo momentos en los que me siento muy conectado conmigo mismo, con mi familia, amigos, pareja, trabajo y entorno. Estos momentos son en los que me siento muy presente, contento, consciente y con absoluta claridad. Nada falta y nada sobra porque entiendo el "porqué" de cada cosa presente en mi vida. Todo es perfecto. No tengo preocupaciones ni miedos pues todo está bien.

Pero esos momentos son pocos y fugaces, y cuando menos lo espero, otra vez estoy como una pelota de pinball: de un lado al otro rebotando sin sentido, a gran velocidad pero fuera de control y golpeando objetivos, sí, pero involuntariamente. No tengo idea de qué está pasando en mi vida.

Me atrevo a afirmar que a todos nos ha pasado. Ir de un punto a otro sin saber cómo llegamos ahí. Llegamos seguros y enteros pues estábamos al volante, pero ni siquiera podemos recordar el trayecto porque sentimos que fue alguien más quien nos llevó. Como si hubiéramos manejado en "piloto automático", como si estuviéramos dormidos. Esto no sucede sólo al manejar; esto nos pasa también en la casa, en el trabajo… ¡y en la vida!

Como dijo Anthony de Mello en alguna de sus conferencias: "La mayoría de las personas están dormidas pero no lo saben. Nacen dormidas, viven dormidas, crecen dormidas, van a la escuela dormidas, trabajan dormidas, se casan dormidas, tienen hijos dormidas y mueren dormidas sin despertarse nunca. Nunca comprenden el encanto y la belleza de esto que llamamos la existencia humana. Todos los místicos —católicos, cristianos, no cristianos, cualquiera que sea su teología, independientemente de su religión— afirman una cosa unánime: todo está bien. Aunque todo está hecho un desastre, todo está bien. Esto es sin duda una extraña paradoja, pero lo trágico es que la mayoría de las personas nunca llegan a darse cuenta de que todo está bien, porque están dormidas".

Están dentro de su propia pesadilla.

Despertarse es muy desagradable, ¡si lo sabré yo! Estás confortable y placenteramente dormido. En pijama, deliciosamente tapado, sin frío ni calor, sin problemas, preocupaciones ni ocupaciones. ¡Qué irritante es que llegue alguien de pronto a robarte tu paz y comodidad! Entonces despiertas de mala gana, enojado y con ganas de escupirle o golpear a quien se ponga enfrente.

Pero si este libro está en tus manos y estás interesado en seguir leyendo, lo siento mucho… ¡es hora de despertar! Y cuando hablo de despertar, me refiero a que esos momentos que previamente comenté en los que no estamos sentados al volante de nuestro vehículo sino que vamos en piloto automático, sean cada vez menos y menos y menos.

Quiero que estés dormido solamente cuando duermas por la noche o tomes una deliciosa siesta, no todo el día. Sólo así podrás tomar el ritmo y rumbo que necesitas para una vida más plena, para estar conectado con todo y con todos.

Ahora, cierra los ojos, haz una inhalación profunda y piensa unos minutos en los momentos en los que te has sentido completamente despierto, consciente y en perfecta unión con el Universo. Concéntrate en lo que has *sentido* al estar así y trata de recordar la diferencia entre esos momentos y ahora:

- ¿Cómo estaba tu mente en esos momentos? ¿Tranquila y confiada? ¿Te sentías tranquilo y en paz, como si todo estuviera conspirando a tu favor?
- ¿Qué *sentimientos* positivos estabas teniendo?
- ¿En qué exactamente te estabas enfocando?
- ¿Cómo era la sensación de conexión contigo mismo y con el resto del planeta?
- ¿Qué había de diferente entre ese momento de tranquilidad y ahora que estás en piloto automático?

Escríbelo, dibújalo, descríbelo, garabatéalo, ilústralo a continuación.

```
┌ ─ ─ ─ ─ ─ ─ ─ ─ ─ ─ ─ ─ ─ ─ ─ ─ ─ ─ ─ ─ ─ ┐
│                                           │
│                                           │
│                                           │
│                                           │
│                                           │
│                                           │
│                                           │
│                                           │
│                                           │
│                                           │
│                                           │
└ ─ ─ ─ ─ ─ ─ ─ ─ ─ ─ ─ ─ ─ ─ ─ ─ ─ ─ ─ ─ ─ ┘
```

Yo también me he sentido frustrado al darme cuenta de que el estado de "co-nexión y despertar" es muy frágil y vulnerable y que a la menor provocación desaparece dejando el camino libre a dormitar de nuevo. Sin embargo, creo fielmente que entre más profundo hagas este despertar y más COMPROME-TIDO y CONSTANTE seas, obtendrás un resultado cada vez más notorio en la calidad de tu vida y tus circunstancias.

En mi vida todo se fue dando de cierta manera y he tenido la fortuna de estudiar y aprender de grandes maestros (algunos presenciales y otros a tra-vés de sus libros, programas y cursos; a todos les agradezco al final de este libro) acerca de este tema. Ahora quiero compartir algunos conocimientos contigo que eres tan importante para mí.

A continuación explico brevemente algunos consejos, técnicas, "rece-tas" y teorías que, aunque no lo creas, están interconectadas en el todo de tu vida y que humildemente creo que te pueden servir (lo espero y lo deseo) para despertar:

APRENDE A RESPIRAR

No, no estoy loco ni tonto al aseverar que no sabemos respirar. ¡Y me incluyo!

¿Qué pasa cuando estás varios días sin probar alimentos? Pues tu cuerpo tiene hambre, empieza a deteriorarse y a comerse a sí mismo, te duele, adelgazas e incluso puedes llegar a morir si es que pasas demasiados días sin comer.

Cuando no respiramos correctamente, estamos también matando de hambre (de oxígeno) a nuestro cuerpo y por eso nos cuesta tanto enfocarnos y ver las cosas con claridad. Es por esto que estamos tan desbalanceados entre nuestra mente consciente y la inconsciente.

Si aprendemos a relajarnos y a respirar, nuestras dos mentes se pueden conectar y trabajar juntas, unidas. Cuando no lo hacemos (y casi nunca lo hacemos), nuestras mentes actúan de manera instintiva y reactiva ante el mundo en lugar de tener respuestas pensadas y razonadas, provocando problemas, discusiones y malos entendidos.

Sin respirar bien, es prácticamente imposible conectarnos con nosotros mismos y con el resto del planeta.

LIMPIA, TIRA, REGALA

Lo que elegimos como estilo de vida diario, ciertamente afecta en cómo nos sentimos y en lo que pensamos. Implementar ciertos cambios a tus hábitos y prácticas diarias más sencillas (esas que haces casi en automático), puede hacerte sentir mejor en otras áreas de tu vida.

Limpiar cosas viejas e inservibles de tu casa te puede ayudar mucho a tener un pensamiento mucho más claro y limpio en la escuela o el trabajo, y tener éxito en la escuela o el trabajo te hará sentir mejor cuando estés en tu casa. Todo es un ciclo interconectado.

Te quiero compartir algo que he leído en mis programas y que ahora me parece muy importante que leas hablando de "limpieza". Joseph Fort Newton fue un masón, ministro de la Iglesia bautista y abogado que nació en 1880 en Decatur, Texas, Estados Unidos. Obtuvo los títulos honorarios de doctor en Literatura Hebrea, doctor en Teología, doctor en Humanidades y doctor en Derecho en diferentes universidades. Esto es algo de lo que escribió:

Principio del vacío
(JOSEPH NEWTON)

Usted tiene el hábito de juntar objetos inútiles en este momento, creyendo que un día (no sabe cuándo) podrá precisar de ellos.

Usted tiene el hábito de juntar dinero sólo para no gastarlo, pues piensa que en el futuro podrá hacer falta.

Usted tiene el hábito de guardar ropa, zapatos, muebles, utensilios domésticos y otras cosas del hogar que ya no usa hace bastante tiempo.

Usted tiene el hábito de guardar resentimientos, tristezas, miedos, entre otras más.

No haga eso. Es anti prosperidad.

Es preciso crear un espacio, un vacío, para que las cosas nuevas lleguen a su vida.

Es preciso eliminar lo que es inútil en usted y en su vida, para que la prosperidad venga.

Es la fuerza de ese vacío que absorberá y atraerá todo lo que usted desea.

Mientras usted está cargando cosas viejas e inútiles, material o emocionalmente, no habrá espacio abierto para nuevas oportunidades.

Los bienes precisan circular.

Limpie los cajones, los armarios, el cuarto del fondo, el garaje.

Regale lo que usted ya no usa.

La actitud de guardar un montón de cosas inútiles amarra su vida. No son los objetos guardados que estancan su vida, sino el significado de la actitud de guardar.

Cuando se guarda, se considera la posibilidad de falta, de carencia. Es creer que mañana podrá faltar, y usted no tendrá medios de proveer sus necesidades.

Con esa postura, usted está enviando dos mensajes para su cerebro y para su vida:

1º Usted no confía en el mañana.

2º Usted cree que lo nuevo y lo mejor NO son para usted, ya que se alegra con guardar cosas viejas e inútiles.

Deshágase de lo que perdió el color y el brillo y deje entrar lo nuevo en su casa... y dentro de sí mismo.

Después de leer esto, tampoco lo guarde, mándelo a otros y que fluya la energía...

¡Aprendamos de la naturaleza que todo lo circula...! Eso se llama tener mentalidad de Abundancia.

HOY es un buen día para empezar a limpiar la mente, la casa y el cuerpo.

DEFINE E ILUSTRA TUS METAS

Antes que nada, NECESITAS definir cuanto antes qué es lo que quieres, cuáles son tus ideales, sueños y metas. Como lo digo constantemente en mis programas, el Universo no puede proveerte de lo que quieres si a cada rato cambias de opinión y no tienes tus sueños claros.

Una vez que lo tengas bien definido, una excelente técnica y muy poderosa para motivarte es poner por escrito todo lo que deseas lograr. Si eres más visual, puedes hacerlo con recortes de revistas, fotografías, imágenes sacadas de internet o con dibujos que tú mismo hagas. No importa si están bien o mal hechos, no tienes que ser Van Gogh, jejeje; lo importante es que estos dibujos e imágenes ilustren lo que deseas y que cuando los veas, ¡sientas mucha emoción!

Asegúrate de poner esta lista de sueños y metas o tu tablero con imágenes en un lugar en donde lo puedas ver o leer constantemente. Recomiendo hacerlo por lo menos una vez al día. Entre más claras y detalladas tengas tus metas, ¡más fácil será para el Universo hacértelas llegar!

DUERME MÁS

Dormir es lo más delicioso y es la parte más perfecta de nuestro proceso corporal diario, pues al hacerlo nos regeneramos, procesamos todo lo acontecido durante las horas previas de vigilia y nos recargamos de energía vital. La privación del sueño creo que es el peor castigo que alguien puede recibir.

El sueño influye en nuestra salud y nuestro bienestar general, nuestro estado de ánimo y nuestra capacidad de concentración y enfoque. Es muy difícil estar bien si no duermes lo suficiente y tienes un sueño profundo, tranquilo y de calidad. La Fundación Nacional del Sueño recomienda dormir 7-8 horas diarias. Estudios demuestran que incluso la privación parcial del sueño afecta significativamente nuestro estado de ánimo, nuestro humor y nuestro desempeño en cualquier actividad que realicemos (ya sea personal o de trabajo).

RECUERDA QUE TÚ ERES TU PRIORIDAD

Primero establece tus prioridades. Tú eres antes que nadie y que nada. No dejes que la tecnología y lo que ya hablamos del sentido de pertenencia a través de las redes sociales te afecte.

No revises tu Facebook ni tus e-mails en cuanto abras el ojo por la mañana; eso sólo te distrae, te quita tiempo y te hace dejar de hacer cosas realmente importantes, como por ejemplo, tomarte unos minutos para estirarte, para respirar y agradecer junto a tu cama. Te altera y cambia tu frecuencia vibratoria desde que amaneces, cuando éstos son momentos de ORO para meditar, decretar y diseñar tu día. Además, te puede contaminar con malas noticias y desgracias (sabemos que hoy en día las notas rojas son la constante), dándole otro aspecto totalmente diferente ya a tu jornada. No lo hagas hasta que hayas ejercitado algunos de tus nuevos hábitos y te sientas tranquilo y fuerte para enfrentar tu día.

No contestes el teléfono o mensajes de texto mientras estés ocupado. No te desconcentres de lo importante. Las necesidades de otras personas de estar en contacto contigo pueden hacerte perder el hilo de lo que tú has planeado para tu día y si se lo permites, sin duda lo harán.

SAL DE TU ZONA DE CONFORT

Bien dice la frase: "La zona de confort es el lugar más cómodo y seguro en el que puedes estar, pero ten por seguro que los milagros no ocurren ahí".

De hecho, yo creo que es una de las barreras más grandes cuando de alcanzar tu potencial se trata; en esto siempre pongo énfasis cuando estoy al aire en mis programas.

¡Atrévete a salir de ella! ¡Atrévete a atreverte! Atrévete a llevar tus niveles de ansiedad un poco más arriba de donde siempre están. Acércate un poco al precipicio, sólo así podrás ver el tamaño de tus alas y podrás lograr lo que ni siquiera imaginas. Poco a poco… tú sabrás tu ritmo y tus tiempos.

Un incremento en tu dopamina (el neurotransmisor encargado de dar energía a nuestra mente) te hará obtener reconocimientos (de ti y para ti) y eso es algo que la novedad te puede proporcionar.

No tengas miedo de hacer cosas nuevas o innovadoras. Todos los que han sobresalido en algo a través de la historia han salido de su zona de confort y han intentado cosas nuevas y diferentes.

SAL AL AIRE LIBRE

Seamos honestos: muchos de nosotros pasamos la mayoría de nuestro tiempo dentro de nuestra oficina, nuestra casa o nuestro lugar de trabajo (espacios cerrados y muy encerrados).

El encierro nos hace pensar siempre de la misma manera, nos hace adaptarnos a lo establecido y conocido. Si estás tratando de resolver un problema o quieres pensar en una idea brillante, una caminata es lo que necesitas, además de que caminar constituye un buen ejercicio. Una investigación de la Universidad de Stanford demostró que caminar incrementó en un 81 por ciento la creatividad de los sujetos de estudio, pero que caminar al aire libre produce pensamientos de mucha más calidad que simplemente andar por las calles o dentro de un centro comercial, por ejemplo. Pasar tiempo al aire libre también aumenta nuestra autoestima y buen humor, incrementa los niveles de vitamina D, refuerza nuestro sistema inmunitario y nos ayuda a conciliar el sueño más fácilmente.

Debes estar pensando: ¡Sí, wey! ¿Y cómo le hago si por donde vivo la inseguridad está del carajo? En ese caso, haz el esfuerzo de salir por lo menos una vez a la semana o quincena, en tus días de descanso, a algún parque, a algún lugar cercano con árboles en el que puedas caminar y relajarte; no tienes que gastar.

¡ACÉPTATE!

> Un hombre sabio es el que está feliz con lo que es su ser, sea como sea, sin desear ser lo que no es.
>
> SÉNECA

Éste es un tema que menciono a cada rato en mis programas. Arrepentirnos está en nuestra naturaleza humana. No todas las decisiones que tomamos nos llevan al resultado que esperábamos, pero arrepentirnos no sirve de nada. Parte del proceso de aceptación es reconocer que no somos perfectos, conocer nuestros miedos y los obstáculos que a veces nosotros mismos nos ponemos en el camino. El camino más directo a la felicidad es "aceptar las cosas que podemos cambiar, cambiarlas y aceptar las que no podemos cambiar".

¿Existe alguna diferencia entre el TÚ que ves en tu mente y el TÚ que ves en la realidad? Puede ser que al contestarte esa pregunta descubras que de ciertas maneras, debes dejar de tener estas falsas expectativas e imágenes y ser honesto contigo.

Todos tenemos defectos y nos equivocamos, nadie está exento de eso. Aunque en ocasiones tomemos malas decisiones, estoy seguro de que tampoco lo hicimos a propósito, lo hicimos con las mejores intenciones.

Tú eres digno de TU respeto. Por favor, nunca lo olvides.

La aceptación comienza cuando te das cuenta de que el pasado no se puede cambiar pero tu reacción hacia él sí. Si aprendiste de él, entonces no fue un desperdicio, pues de alguna forma creciste y hoy en día eres mejor.

APRENDE A DECIR "NO"

Para tener el control total de TU vida debes estar dispuesto a decir "NO". Siempre vas a encontrarte con elementos externos que te demandan tiempo y atención, y si no sabes manejarlos, te pueden hundir poco a poco.

A mí me encanta ayudar a los demás. Probablemente a ti también porque eso nos da un enorme sentimiento de satisfacción y propósito. Pero si tú no estás para ti cuando te necesitas, ¿cómo serás capaz de estar para alguien más?

Muy frecuentemente decimos "SÍ" a algo con lo que no nos sentimos comprometidos; decimos "SÍ" cuando queremos decir "NO", y eso inconscientemente nos hace estar enojados y resentidos.

Esto no significa falta de empatía; de hecho, las personas más compasivas saben perfectamente cuándo deben decir que no, pero cuando dicen "sí" es porque de verdad lo sienten.

Parece paradójico, pero cuando alguien te ayuda sin querer realmente hacerlo, el efecto que tiene esa ayuda es el opuesto al que se deseaba obtener, tanto para quien da como para quien recibe.

SÉ AGRADECIDO

La gratitud es de las energías más poderosas que existen. Cuando agradecemos, mandamos al Universo un mensaje muy claro de que estamos recibiendo lo bueno, que amamos nuestro trabajo, que apreciamos todo lo que tenemos, que nuestra vida es maravillosa, y ESO es lo que el Universo nos dará de vuelta, la misma frecuencia vibratoria.

Tener una actitud de gratitud traerá un efecto positivo (de ahí el #EfectoPositivo que utilizo en todas mis publicaciones en redes sociales) en todas las áreas de tu vida. Una manera de darte cuenta de todo lo que tienes y por lo que puedes y debes estar agradecido es anotándolo en tu diario. Cada noche, aunque estés agotado, tómate unos momentos para reflexionar y escribe tres cosas por las que estés agradecido ese día, desde lo más trivial (como que te compraste unos nuevos zapatos) hasta lo más profundo (la complicada intervención quirúrgica de un familiar que resultó muy exitosa).

Un estudio de Robert Emmons, profesor de psicología de la Universidad de California, reveló que aquellos que llevaban un "diario" de gratitud experimentaban beneficios psicológicos, físicos y sociales muy significativos. También un 25 por ciento de mejora en su salud y bienestar, comparado con el grupo que había escrito todo lo que les había salido mal durante el día.

¡AGRADECE! COMIENZA TUS DÍAS AGRADECIENDO, TERMÍNALOS IGUAL. ¡AGRADECE SIEMPRE!

> La gratitud le da sentido al
> pasado, paz al presente y crea
> una visión para el futuro.
>
> MELODY BEATTIE

COME SANO

La misma velocidad de la que he estado hablando con la que vivimos a diario tiene una gran influencia también en la clase y calidad de alimentación que llevamos. Cuando te vas volviendo más sensible a la energía, te das cuenta de inmediato de que lo que entra a tu cuerpo es también lo que sale de él.

Muchos de nosotros debemos comer casi a diario en la calle, lo cual es muy caro si tratamos de evitar la comida chatarra. Te sugiero tratar de cambiar poco a poco los malos hábitos que tienes (y casi todos tenemos) cuando de alimentación se trata. Claro que esto puede resultar NO ser tan sencillo... déjame explicarte por qué.

Lo que comemos está directamente relacionado con nuestras emociones. Si estamos preocupados o tristes, lo más seguro es que necesitemos esa porción extra de grasa o el "levantón" que nos da el azúcar. Ni siquiera lo hacemos por hambre: lo hacemos por ansiedad y angustia. Y lo que no consideramos es que en cuanto se pasa el efecto del azúcar, volvemos a la tristeza y aún más marcada que antes. Esto es un círculo vicioso muy dañino para nuestro organismo.

Mis recomendaciones:

1. Te repito: llevarte comida preparada desde tu casa y evitar la chatarra lo más que puedas.

2. Cuando sientas que debes correr al refrigerador, a la máquina expendedora o a la tiendita por unas papas o pastelitos, mejor detente y trata de identificar QUÉ es lo que te está pasando y trata de resolverlo de alguna manera sin involucrar comida. Es importante identificar la *emoción* que estás sintiendo.

3. Si no lo puedes evitar y sientes un hoyo en la panza y debes comer algo, entonces trata de que sea lo más sano posible, que sea algo que te dé energía y le sirva a tu cerebro, por ejemplo, verduras o frutas frescas con chile y limón, nueces o frutas deshidratadas. El no tener estas altas y bajas de azúcar te ayudará también a controlar mejor el hambre.

DESPÍDETE DE LA TECNOLOGÍA... O ALÉJATE UN POCO DE ELLA

> La tecnología se alimenta a sí misma. La tecnología hace posible más tecnología.
>
> ALVIN TOFFLER

¡Ja! ¿Imposible? No, no es imposible.

Por lo menos reduce el tiempo en que te manifiestas como su fiel esclavo. Una realidad que negamos por conveniencia es que estar expuestos a tanta tecnología afecta nuestro sistema nervioso; eso dicen los científicos de varios centros e institutos de psicología (no los quiero ni mencionar pues son muchos).

Los dispositivos que utilizamos (teléfonos, tabletas, iPods) afectan nuestra concentración y demás funciones cognitivas. Las pantallas a la larga también afectan nuestra vista.

Además de ser potencialmente dañino para nuestras relaciones de la "vida real" (¿te acuerdas de qué es eso?), la tecnología es una total distracción. ¡Aceptémoslo!, también yo por supuesto. Aunque estés trabajando muy concentrado en el proyecto más importante del año, ¿cada cuánto volteas a ver tu pantalla por si alguien te escribió? ¿O te metes a ver si un tuit o una publicación de FB tuvieron suficientes de los tan codiciados "likes"? ¿Minutos? ¿Segundos?

Estamos frente a una persona y "chateando" con otras por Whatsapp o mensajes de texto. Y cuando estamos con esas otras, queremos chatear con la que estábamos antes. ¿Será que la comunicación a través de dispositivos es la que preferimos por ser tan impersonal? Dios… ojalá esté equivocado a este respecto.

Otro elemento digno de mencionar es la ya poco utilizada TELEVISIÓN. Aunque algunas generaciones no sepan qué es o solamente la oigan mencionar en su clase de historia, la televisión tiene aún un papel importante para muchísimas personas. Influye en nuestra manera de ver el mundo, incrementa nuestros niveles de insatisfacción, manipula nuestro presupuesto al obligarnos a gastar en cosas que no necesitamos y además disminuye la frecuencia con la que hacemos el amor con nuestra pareja (es lo que más me enoja, jejeje).

Todo lo que debemos hacer es apretar algunos botones para recibir el mejor entretenimiento de nuestras vidas. Sin esfuerzo podemos "apagar" nuestro cerebro al prender la TV.

Un rato de televisión no está mal. Hay programas, películas, documentales y series maravillosos, pero muchísimo rato... es un desperdicio de vida.

> La tecnología es destructiva sólo en las manos de personas que no se dan cuenta de que son uno y el mismo proceso que el Universo.
>
> ALAN WATTS

SÉ POSITIVO

Los beneficios de ser optimista son de verdad enormes, según los más recientes estudios. (¡Y dale conmigo con los estudios! Jejeje, pero ¡sí!, lo que arrojan los estudios no es ley, pero implica una tendencia.) Cada vez más investigaciones afirman que un enfoque de vida positivo puede aumentar tu bienestar tanto físico como mental y puede incluso mejorar tu salud, curar enfermedades y alargar tu vida.

Una actitud positiva sin duda te dará la motivación y energía para conseguir tus metas. Pero si nunca has sido muy optimista que digamos, seguro te estarás preguntando: ¿puedo llegar a ser optimista? ¿Puedo llegar a cambiar mi percepción de las cosas para aprender a no ver todo de manera negativa y fatalista? La respuesta es: SÍ.

Obsérvate unos días y date cuenta de cómo reaccionas ante las provocaciones, las noticias, el tráfico, los sucesos diarios que disparan tu negativismo. Ahora, trata de reaccionar como usualmente NO lo harías, trata por unos días de darle la vuelta a tus pensamientos. Si logras hacer esto por un tiempo comenzarás a tener cambios en tu vida que te van a gustar; primero tal vez sean pequeños, pero poco a poco irán siendo mayores y eso por supuesto te va a dar hambre de seguir.

Tus pequeños éxitos te motivarán a conseguir los grandes y a querer adoptar esta actitud positiva como forma de vida.

Y ahora piensas: ¡como si fuera tan fácil! ¡No, fácil no es…! Debes comprometerte contigo mismo por unos días a hacerlo. Los primeros días incluso tendrás que fingir la actitud positiva, pero al paso del tiempo te será cada vez más fácil y más natural. Y no digo que debas tener una sonrisa todo el tiempo, pero serás capaz de saber qué vale la pena para causar tu enojo y qué no.

ESCUCHA A TU CUERPO

Hace cientos de años, los humanos estábamos mucho más en sintonía con nuestros cuerpos de lo que estamos hoy. Cuando el cuerpo hablaba, lo escuchábamos, sabíamos interpretar cuando nos decía que necesitaba descansar, que algo sobre nuestra dieta estaba sobrando o faltando, incluso podía predecir el clima para protegerse.

No más. Desde que dejamos de necesitarlo como una herramienta para sobrevivir, la parte mental o racional ha ganado terreno enormemente. Además, nosotros mismos hemos inhabilitado su capacidad de comunicarse con nosotros, por ejemplo: ya no sudamos (pues usamos desodorante y antitranspirante), nos rasuramos, nos vestimos, nos depilamos (bueno, las mujeres, yo no, jejeje), hemos cambiado TODO lo que nos ayudaba a entender ciertas situaciones de nuestro entorno.

Pero él no nos deja de hablar a través del hambre, del dolor, de las enfermedades y las expresiones físicas de los instintos (que son precisamente nuestro cuerpo subconsciente conectado a la Inteligencia Infinita hablándonos).

Cuando hay algo mal contigo y estás enfermo, es cuando hay algo en ti fuera de balance emocional y que necesita ser atendido. Por ejemplo, si estás demasiado estresado, eres susceptible a que te dé gripa. Si tienes problemas económicos, seguramente también te duele la espalda baja.

Por favor, no ignores estas llamadas de atención que pueden comenzar como algo muy sencillo, pero si no las cuidas y atiendes se pueden complicar. Hazle caso a tu cuerpo, recupera la capacidad de conectarte con él y de escuchar lo que tiene que decirte. Come lo que le aporte energía, duerme cuando te lo solicite, ejercítate cuando te sientas abotagado.

DISEÑA TU RUTINA DIARIA

Una rutina es una serie de pasos y actividades que debemos hacer diario y que le dan estructura a todo lo demás de nuestro día, que son actividades "secundarias" que no forman parte del "esqueleto" o "esquema" de nuestra vida diaria.

Al diseñar nosotros nuestra rutina, podemos llenarla de buenos hábitos, además de darle a nuestra vida cierta estructura, seguridad y límites.

Una vez que sabemos qué es lo que queremos y qué es lo que debemos incluir en nuestros días, podemos aprovechar de manera mucho más eficiente el tiempo y así evitar todas esas actividades sin sentido que hacemos por ociosidad o aburrimiento, que sólo nos quitan tiempo y nos hacen sentir que no estamos siendo eficientes.

Una vez que le hayas agarrado el ritmo a tu rutina, te será mucho más fácil llevarla a cabo necesitando menos la ayuda de tu "fuerza de voluntad". Cada vez estarás completando más tareas en automático.

No cuentes los días; haz que los días cuenten.

MUHAMMAD ALI

BAJA LA VELOCIDAD

¿Te has fijado cómo siempre tenemos prisa? Prisa de hacer, de llegar, de irnos, de deshacer, de hablar, de terminar de hablar… todo son prisas.

La vida cada vez va más rápido. Nuestros sentidos están saturados y abrumados con la inmensa cantidad de estímulos que reciben y el constante bombardeo de mensajes e información que reciben a cada segundo.

Con la enorme disponibilidad de conexión que nos da la tecnología moderna, nuestros buzones están a reventar, nuestros celulares no paran de sonar y nuestros amigos no paran de postear fotografías, frases, ligas, noticias y pensamientos…

¡HEY! ¡Baja la velocidad!

Con tanto sucediendo, nuestro pobre cerebro lo que quiere es desconectarse mientras que nuestro agobiado subconsciente trata de analizar y filtrar toda esa información.

Respira despacio y hazlo consciente. Dale a cada actividad, proyecto y persona el tiempo que requiere. Date tiempo de disfrutar lo que haces y de elegir qué deseas realmente recibir.

Te invito a que te tomes tu tiempo para despertarte y salir de la cama. Que camines más despacio de lo que lo haces regularmente cuando tienes prisa. Verás lo sorprendente que te va a suceder. Verás cuántas cosas a tu alrededor te has estado perdiendo y que ahora puedes apreciar. Verás cómo te vuelves más perceptivo, detallista y sensible.

Verás…

¡DIVIÉRTETE!

Esto definitivamente no es negociable ni postergable para tiempos mejores. *¡Esto es tu obligación!*

De verdad, no te voy a decir que sigas mi consejo… y que los estudios de los científicos dicen… ¡no! *Eso es lo de menos. Tú DEBES tener momentos de diversión*, de esparcimiento, de reírte a carcajadas hasta que el estómago te duela olvidándote de todo, de sentirte feliz y orgulloso de quien eres, de dejar de lado tus responsabilidades y preocupaciones.

Divertirte de vez en cuando tiene grandes beneficios, tanto en tu desempeño laboral como en tu salud; reduce la probabilidad de que caigas en depresión, disminuye tus niveles de cortisol y tu presión arterial.

Entonces, para poder desempeñarte a niveles óptimos en tu trabajo y en tu casa, *debes* tomarte el tiempo para disfrutar el lado divertido de la vida.

¡DIVIÉRTETE!

TOMA UNA SIESTA

Si sientes que ya no te puedes concentrar y que tu energía está totalmente baja, toma una siesta. Con veinte minutos será suficiente para recargar tu energía.

Ya sé que no es tan fácil, pero si puedes, encuentra un lugarcito cómodo y apartado en el que puedas dormirte un ratito. Que la siesta no sea demasiado larga, pues el efecto será el contrario.

En países como Japón, que están como milenios más adelante que nosotros, el gobierno ha establecido lineamientos sobre la importancia del dormir y su Ministerio de Salud recomienda que todas las personas que trabajan, tomen una siesta de treinta minutos durante la tarde. Muchas oficinas de hecho tienen en sus instalaciones siesteros especiales (son cuartos con un par de literas y una temperatura y luz adecuadas) para dar a sus empleados ese aporte de energía instantáneo que necesitan.

SUPERA LA MONOTONÍA

Es muy diferente hablar de formar un hábito y de monotonía. Dentro de tus hábitos y tu plan diario, el hacer todo de la misma manera día tras día te puede resultar tedioso, aburrido y con ganas de dejarlo de hacer.

Encuentra maneras de hacer tu trabajo o tus actividades diarias de una manera menos repetitiva. Aquí te invito a usar tu imaginación; esto también trae grandes beneficios a tu cerebro pues estimularás diferentes partes de él.

Un ejemplo es dividir tus actividades entre los días de la semana, así no estarás haciendo diario lo mismo. O divide tus días en espacios de una o dos horas para hacer ciertas actividades y a continuación haz algunas otras por las siguientes dos horas, y así tu día será diferente.

> Entre más deseo hacer
> algo, menos puedo
> llamarlo trabajo.
>
> RICHARD BACH

SÉ PROACTIVO

Siempre se puede ser proactivo. Aunque no tengas tu empresa y seas tu propio jefe, aunque tú no seas quien decide las actividades que debes llevar a cabo para cumplir con los objetivos en tu trabajo, siempre puedes encontrar maneras diferentes de hacerlo y con las que puedas demostrar tus propias habilidades.

Si te sientes como "atascado" en la monotonía de tus actividades, habla con tu jefe sobre cómo puedes aportar más (por cierto, esto a tu jefe le va a encantar pues le va a demostrar que puede confiar en ti y que vale la pena tenerte en su equipo); y en tu casa también siempre podrás dar ese pequeño extra que nunca sobra y que al mismo tiempo hará que todo cambie y te integres más a la dinámica familiar.

ESCRIBE UN DIARIO

Existe una gran diferencia entre escribir a máquina y escribir de nuestro puño y letra. Hacerlo a mano nos permite activar áreas de nuestro cerebro que no se estimulan al hacerlo a máquina. ¡Y llevar un diario trae muchos y grandes beneficios!

Por supuesto que no es una regla, pero sí es muy común que escritores, pintores, músicos y demás artistas tengan un cuaderno o bloc de notas en el que escriben o dibujan todo aquello que capta su atención. Lo queramos o no, todos llevamos un "diario" interno con infinitas y variadas experiencias que vamos almacenando a manera de recuerdos; estos recuerdos no sólo nos sirven para recordar lo que sucedió en el pasado, sino que nos ayudan a identificar oportunidades en el presente y a tomar mejores decisiones para el futuro.

Al escribir, aquietamos nuestra mente de todo ese ruido de fondo que traemos y así podemos darle una vuelta a la relación que tenemos con todo lo que nos rodea, con esas pequeñas y grandes cosas sobre las que escribimos. Al escribirlas y describirlas cambia su perspectiva y dejamos de ver algo que tal vez percibíamos como "borroso" para comenzar a verlo con claridad.

Es por eso que, lejos de una manera de perder tiempo o un modo muy cursi y meloso de ocupar tu energía, yo SÍ recomiendo llevar un diario.

Postear en Facebook, twittear o tener un blog puede servir un poco, pero digo que sólo un poco porque, vamos a ser honestos, ahí sólo posteamos la versión editada y "quedabien" de lo que realmente pensamos y sentimos. Nos presentamos ante el mundo con una especie de máscara, nos ponemos de la manera que DESEAMOS ser vistos y percibidos en lugar de presentarnos como realmente somos, maravillosamente llenos de defectos y virtudes, con cicatrices y despeinados, todo por miedo a ser rechazados o no ser suficientemente buenos. Sí, así de absurdo es...

Pero llevar un diario puede ser un muy buen camino a conocerte a ti mismo y a sentirte en sintonía con el AQUÍ y el AHORA. Ese diario es solamente de ti para ti, solamente tú tendrás acceso a él, así que puedes ser todo lo honesto que debas y quieras ser.

Tener el hábito de escribir, fotografiar, dibujar o de alguna manera captar momentos en los que te sientes realmente vivo y feliz tiene muchos beneficios:

- Al querer capturar e inmortalizar de alguna manera el momento, inmediatamente sentirás la experiencia más intensamente.
- Tu "radar" de momentos felices (ya hablamos sobre que la felicidad no es un absoluto sino una serie de acontecimientos) aumentará su poder; serás capaz de identificar mucho mejor momentos y situaciones felices. Empezarás a ver oportunidades y razones para ser feliz donde antes no las veías.
- Podrás llevar un registro de momentos, tanto felices como tristes, de reflexión y evaluación, y eso te servirá para ir viendo tu evolución personal.
- Con el tiempo te podrás dar cuenta de las conexiones y "diosidencias" que te suceden. Verás que algo que te ocurrió no fue un evento aislado, sino la pequeña parte o un capítulo o episodio de algo mucho más grande; que todo es parte de un plan divino y podrás aprender más sobre ti.

En tu diario también puedes anotar todo lo referente a TUS SUEÑOS (me refiero a los que suceden cuando duermes). Muchas veces los sueños tienen un significado muy particular, nos quieren decir, prevenir o avisar algo, pero por ahora no voy a ahondar en ese tema (y porque además la verdad es que no sé mucho al respecto, jejeje).

COMPRENDE EL PLACER DE DAR

DAR no sólo es bueno para la persona a la que le das, dar es muy bueno para ti.

Algunas de las personas más ricas del mundo, como Bill Gates, Warren Buffett y Oprah Winfrey, han dicho que disfrutan igual o más donando grandes cantidades de dinero a causas filantrópicas, que incrementando su fortuna personal. Dicen que el placer de dar es mayor aún que el de saber que son millonarios.

Y cuando hablo de "dar" no me estoy refiriendo a dinero exclusivamente. El regalo más grande que le puedes dar a alguien es tu tiempo: valioso tiempo al servicio de otros, escuchando y poniendo atención... ¡Tu presencia!

El concepto de servicio en la actualidad está ya muy desvirtuado. Con servicio no me refiero únicamente a hacer cosas buenas. Cuando somos capaces de "servir" a otros, es cuando lo hacemos modesta y humildemente, cuando dejamos de lado las necesidades de nuestro propio ego y nos enfocamos realmente en el bienestar de otros. No lo hacemos por reconocimiento, sino por saber que a otros realmente les va a servir.

Dar hace feliz a quien da, incluso más que a quien recibe. Ojalá todos lo entendieran.

DILE ADIÓS A LA PERFECCIÓN

La perfección no lleva a nada bueno, créeme. Está bien querer hacer las cosas lo mejor posible y está bien querer SER la mejor versión de ti mismo... pero es muy diferente a estar obsesionado con la perfección.

Enfócate en lo que es suficientemente bueno por ahora. Si estás esperando el momento perfecto para empezar algo, nunca vas a empezar. Si estás esperando a la pareja perfecta para tener una relación, seguramente morirás solo. Si estás esperando las circunstancias perfectas para tomar una decisión, jamás la tomarás. Si esperas perfección de los demás, jamás estarás satisfecho.

Porque LA PERFECCIÓN NO EXISTE. Sin embargo, tú puedes volver cualquier circunstancia perfecta si así lo decides.

Alguna vez leí esta frase en la revista *Psychology Today* que me parece simplemente... perfecta:

El perfeccionismo puede llegar a ser el comportamiento más contrapro-ducente. Vuelve a las personas esclavas del éxito mientras las mantiene enfocadas en el fracaso.

REAVIVA TU CURIOSIDAD

Los animales son la parte más maravillosa de la creación. Funcionan de ma-nera perfecta en sus sociedades; cazan sólo por necesidad; en ellos no existe la crueldad ni la maldad por el simple placer de hacer daño, a diferencia de algunos seres humanos.

Los animales son también como niños: sienten curiosidad por todo su entorno. ¿Te has fijado en la reacción de un animal hacia algo nuevo? Por ejemplo, un gato. Su primer impulso es observarlo, tocarlo, olfatearlo, lamerlo, brincarle encima y explorarlo para así poder conquistarlo. Hasta el gato más viejo y can-sado va a hacer el ritual de reconocimiento ante un objeto nuevo que se le ponga en su hábitat (y eso que yo prefiero por mucho a los perros), y es increí-ble ver cómo lo observa, lo analiza y se va ajustando a esto "nuevo" que nunca había visto.

Los niños también son un gran ejemplo, pues siempre sienten dicha y ale-gría por lo nuevo. Son infinitamente curiosos sobre lo que las demás personas están haciendo y diciendo, a qué están jugando los demás niños, a qué sabe una nueva comida, qué sensación da una nueva textura…

La emoción por lo nuevo hace a los niños brincar, gritar, correr y tener "hambre" de saberlo todo acerca de ello. La decepción del aburrimiento los puede hacer llorar y ponerse serios.

Mientras vamos creciendo, nuestra tendencia humana es volvernos cada vez menos propensos a sentir curiosidad por algo nuevo. Vamos olvidando lo divertida que puede ser la vida, vamos pensando que todo lo sabemos y lo hemos visto y cada vez se vuelve más difícil y complicado encontrar algo que pueda asombrarnos. Juzgamos las nuevas experiencias con base en lo que ya hemos visto y hecho, y esto nos lleva a no disfrutar la vida de nuevas y diferentes maneras. Nuestro entusiasmo se vuelve pequeño y no sólo dejamos de aprender, sino que también vamos olvidando lo que ya sabíamos.

La curiosidad estimula el cerebro y alimenta la creatividad, nos mantiene jóvenes de mente, corazón y espíritu. Piensa en las personas más creativas que conoces: te apuesto a que son aquellas que sienten curiosidad por explorar nuevos caminos, nuevas formas y se divierten al hacerlo. Como los comediantes, artistas, músicos o escritores, entre otros que nos dan alegría espontánea y saben cómo sacarnos una sonrisa.

DESARROLLA TU CONCIENCIA ESPIRITUAL

Pongo mucho énfasis en este tema cuando estoy al aire en mis programas. Y por favor, no lo malentiendas. Yo sí soy muy creyente de Dios y muy devoto de san Antonio de Padua, pero me he referido a ese ser superior como "Inteligencia Infinita" a lo largo de este libro con el ímpetu de respetar las creencias religiosas de cada quien y porque finalmente eso es, una energía universal superior.

Mucha gente pierde el sentido de la felicidad pues por ciertas situaciones ha llegado a creer que su vida NO tiene sentido. Como decía Tolstói: "Cada persona perdida se pierde en su propio camino". Para algunos, esta pérdida de sentido viene de la ausencia de una influencia espiritual en sus vidas.

Somos seres tanto físicos como espirituales y podríamos hasta comunicarnos utilizando nuestra mente y sentidos, pero para poder hacerlo, necesitamos estar despiertos y en sintonía con nuestra alma.

Una vida con propósito es la que está enfocada en una misión u objetivo mayor al del ser individual. Los grandes líderes espirituales como Mahatma

Gandhi, la Madre Teresa de Calcuta, el Dalái Lama, el arzobispo Desmond Tutu y Nelson Mandela son muy buenos ejemplos.

El despertar espiritual tampoco es sencillo pues viene acompañado de grandes cambios, muchos de los que ya he estado comentando y muchos otros que comentaré más adelante. Implica tener fe y esperanza.

Existen muchos y variados caminos para comenzar este despertar y cada quien debe elegir el que más le resuene o le guste para encontrar ese sentido o significado para su vida. Cada religión tiene sus creencias, rituales y prácticas; sin embargo, los principios en el corazón de cada doctrina son los mismos:

- Creencia en un poder superior.
- Desarrollo de la fe.
- Empleo de tiempo para aprender y practicar las creencias.
- Creencia en la necesidad de amarnos y respetarnos los unos a los otros como humanidad y de luchar por un mundo mejor respetando todas las formas de vida existentes.
- Ritual o rezo poderoso para hacer sentir a sus seguidores más seguros y poderosos internamente.
- El llamado a una vida más simple, libre de posesiones materiales y trampas del materialismo.
- La enseñanza de que debemos amar al prójimo tanto como a nosotros mismos.

¿Necesitamos dejar todo y dedicar nuestra vida entera a rezar para desarrollar nuestra conciencia espiritual? ¡Definitivamente NO! Para nada. Cada quien sabe su proceso, su ritmo y su rumbo.

Lo importante es hacer conciencia de lo relevante y necesario que es esto. ¿Quién no ha sentido la necesidad de aferrarse a algo más grande en momentos difíciles? ¿De dar antes que recibir? ¿De pertenecer a algo dejando el ego de lado? Me atrevo a decir que todos…

APROVECHA EL PODER DEL COLOR

Esto no es nada nuevo. El poder del color ha tenido gran importancia en civilizaciones antiguas, como por ejemplo la egipcia, cuyos templos tenían cuartos de curación y sanación construidos especialmente para permitir la disipación de los rayos del sol que entraban y se convirtieran así en los colores del arcoíris. Esto favorecía la curación de sus enfermos.

Nuestro mundo es un increíble caleidoscopio. Desde el momento en que abres los ojos por la mañana, te encuentras con miles de colores y, estés consciente o no, estás influido por ellos. Colores en tu casa, tu ropa, tu comida, tu mascota, los árboles, las calles, los coches, el cielo… hay color por doquier y además PUEDE cambiar tu energía y la manera en que te sientes de un instante al siguiente.

Fíjate cómo el color del que te vistes generalmente refleja tu estado de ánimo. Del aspecto y color de un alimento dependerá si se nos antoja o no. Hay colores en los amaneceres y atardeceres que nos dejan con la boca abierta y sin aliento de lo hermosos que son.

Tal vez no te hayas dado cuenta, pero cuando en un país hay recesión económica, la gente inconscientemente tiende a vestirse más de colores grises y negro, y cuando el país está bien, la gente se viste de colores brillantes y alegres.

¿Has entrado a una casa en la que no te sientes bien, como si no fueras bienvenido? Muy probablemente son los colores de las paredes o de las cortinas los que te causan esa sensación.

A continuación pongo en una lista los colores y los efectos que tienen en tu subconsciente para que puedas utilizarlos tanto en tu ser como en los espacios que frecuentas:

- **Amarillo:** ayuda a la claridad de pensamiento, dolores de cabeza y de artritis y a mantener huesos fuertes. Fortalece el sistema inmune.
- **Azul claro/medio:** ayuda a reducir el estrés, la ansiedad y las preocupaciones y disminuye la presión arterial alta.
- **Blanco:** ataca la migraña y enfermedades más graves. Es un excelente color para debilitar cualquier enfermedad.
- **Dorado:** fortalece el cuerpo en general, tanto emocional como físico.
- **Lila/violeta/púrpura:** aumenta la autoestima, fe, esperanza y ayuda a problemas con los ojos, oídos y enfermedades mentales.
- **Naranja/durazno:** promueve la estabilidad emocional. Ayuda a equilibrar los niveles de azúcar y de energía e incrementa la libido.
- **Plata:** limpia, ataca virus, bacterias e infecciones.
- **Rosa/rojo:** ayuda a curar viejas heridas. Aumenta la energía, fuerza, vibración. Ayuda a problemas de presión sanguínea, dolores menstruales, anemia e infertilidad.
- **Verde:** ayuda a limpiar y desintoxicar el organismo. El verde claro calma el sistema nervioso y fortalece huesos.

El color es un portal, un punto de partida que lleva a lo más profundo de la mente y el alma. Tiene la poderosa habilidad de influir y afectar a todos los seres vivos de manera consciente e inconsciente.

UTILIZA EL PODER DEL SONIDO

El sonido es una de las maneras más poderosas de crear y cambiar energía. La vibración del sonido nos afecta de muchísimas maneras, aunque no lo podamos ver. Puedes cambiar en un instante tu manera de sentir tan sólo escuchando cierto tipo de música.

Hay melodías que nos hacen perdernos en el tiempo y espacio, otras más que nos hacen emocionar hasta llorar y muchas otras que nos alteran y molestan al grado de tener que quitarlas. El sonido es tan antiguo como el tiempo mismo. De mantras a cantos a himnos de batalla… el sonido siempre ha estado presente en nuestro mundo.

El sonido de tu voz tiene muchas más influencias y connotaciones de las que puedes imaginar. Por ejemplo, la primera ministra de Inglaterra Margaret Thatcher sabía a la perfección el arte de modular su voz de acuerdo con el efecto que deseaba tener en sus escuchas. Así logró mucho de lo que se propuso y fue una gran líder.

Piensa por un momento en alguien cuya voz te resulta desagradable; es más probable que tu reacción hacia esa persona esté influida por eso. Ahora piensa en alguien cuya voz te gusta; al escucharla hablar te sentirás más relajado y querrás sonreír.

Por favor, haz el siguiente ejercicio que te ayudará a darte cuenta de todo lo referente a la vibración sonora de tu voz:

- Elige una oración, la que sea, por ejemplo: "Me voy a lavar los dientes".
- Di la misma oración en tono agresivo y después en un tono gentil y suave. Ahora en un tono sutil y sensual. Finalmente dila de manera desesperada. Sentirás una diferencia física y mental entre cada una de ellas.
- Repite el ejercicio de nuevo, ahora con el ceño fruncido y los puños de las manos apretados. ¿Cómo se sintió y se escuchó?

Acabas de *crear* energías distintas mediante el sonido y la *emoción* que le imprimiste a cada oración diferente. Al combinar tu emoción con el sonido, puedes crear algo que antes no existía, una energía capaz de influir a ti mismo y a otras personas. Poderoso, ¿no crees?

Puedes crear estados de ánimo distintos con el simple tono de tu voz o con la música que escuchas. Esto lo saben las grandes empresas y lo emplean en su mercadotecnia. Por ejemplo, en un supermercado ponen música de fondo que puede poner a la gente en un ligero trance que inconscientemente los hará comprar más; en los lugares de comida rápida ponen música que te hace querer irte pronto y así le permitas a más personas llegar a consumir; en un bar bajan el volumen y ponen canciones calmaditas cuando ya es momento de cerrar.

Ahora que ya lo sabes, utilízalo; aprende a moldear tu voz en tono y volumen de acuerdo con las circunstancias para que éstas te sean favorables. Recuerda siempre que al hablar estás CREANDO energía. ¡Elige bien la energía que vas a crear, elige bien tus palabras!

SONRÍE

> La sonrisa cuesta menos que la electricidad y da más luz.
>
> PROVERBIO ESCOCÉS

Las expresiones faciales no sólo reflejan nuestro estado de ánimo, sino que influyen sobre él. Así que más te vale ponerle una sonrisa a tu cara; si al principio no te sale muy natural, pues finge un poco y siente cómo tu humor va mejorando (ya lo había mencionado).

Sonreír te vuelve un imán de personas. Cuando le sonríes a alguien, lo haces sentir bienvenido y cómodo con él mismo. Una sonrisa es contagiosa: ¡contágiala!

Aquí quiero agradecer de manera muy especial a mi hermano Hugo. A pesar de llevarme ocho años, él es quien me sigue para arriba y por eso hemos sido tan cercanos desde que yo era pequeño.

Mi hermano Hugo tiene la enorme y hermosa capacidad de reír, de reírse de sí mismo y de contagiar la risa. ¡Él hace sentir cómodos y bienvenidos a los que están cerca de él! A lo que me refiero es a que él sabe verle el lado bueno a cualquier circunstancia, porque SÍ lo tiene aunque no todos sepamos identificarlo. Y eso es lo que él me ha enseñado: a reír, a no tomar la vida tan en serio, a saber que todo pasa por algo ¡y a que siempre lo mejor está por venir!

Esa pequeña dosis de felicidad en tu cara también te puede hacer más productivo en tu trabajo. Está comprobado que las personas que sonríen y se sienten felices tienen un mejor entendimiento y comprensión de los problemas que van teniendo en la vida y, por lo mismo, tienen también un mejor acercamiento y soluciones más efectivas que aquellas personas que siempre están enojadas y tienen un pensamiento negativo.

Esto es debido a la cantidad de dopamina que hay en sus cuerpos y que es liberada al tener pensamientos bonitos, cordiales y positivos, ya que los neurotransmisores están involucrados en los procesos mentales de aprendizaje y toma de decisiones.

¿Ves cómo no digo por necio o falso lo del #EfectoPositivo? Hay un sustento científico muy claro detrás. Además, ¿qué te cuesta sonreír unas cuantas veces al día? ¡No hay nada más fácil de hacer que eso!

Una sonrisa significa mucho.
Enriquece a quien la recibe sin
empobrecer a quien la ofrece.
Dura un segundo pero su
recuerdo nunca se borra.

ANÓNIMO

ADQUIERE LA MENTALIDAD DE GANADOR DE LOTERÍA

¿Quién no ha fantaseado sobre sacarse la lotería? Creo que nadie ha dejado de hacerlo. Nadie ha dejado de pensar en todo lo que haría si de la noche a la mañana tuviera una cantidad estúpidamente enorme de dinero. ¿A dónde viajarías? ¿Qué comprarías? ¿En qué invertirías? ¿Qué les regalarías a los que amas? ¿Cómo te SENTIRÍAS?

Cuando hubiera pasado la euforia de la noticia de que eres un ganador de lotería, ¿qué sería lo que más valorarías? ¿Tu dinero, tu casa, tu familia, tus amigos? ¿Habría cambiado algo en tu vida?

La mentalidad de "ganador de lotería" es muy interesante, pues nos hace pensar en situaciones extremas que generalmente no consideramos como algo que pueda realmente sucedernos por la baja probabilidad de que ocurra. Sin embargo, es un ejercicio que la gente rica suele hacer y bueno... ¡por algo es rica! Llevando nuestro pensamiento a sus límites de imaginación, podemos orientarlo a un lugar apartado de nuestra mente, un lugar que es casi como una isla virgen, jamás visitado y explorado debido a nuestros hábitos, presiones sociales y circunstancias económicas.

Es cierto que no deberías esperar a ganarte la lotería para que tu situación económica mejore, pero hacer este ejercicio de imaginación te puede servir para ponerte en una *sintonía* de mayor abundancia.

ENCUENTRA CALMA Y TRANQUILIDAD

Así como el cuerpo se cansa de toda la actividad física que podamos hacer en un día, la mente también se cansa de todos los estímulos externos que recibe. Incluso estando dormidos, seguimos pensando en nuestros problemas, en lo que nos faltó por hacer, en cómo resolveremos tal situación… ¡CÁLMATE! Tranquilízate un momento… encuentra la paz y la calma.

Encontrar finalmente ese "lugar" de paz y calma es maravilloso. No hablo de un lugar físico, sino de uno dentro de tu mente muy pacífico… tan tranquilo que es el lugar en el que los cambios y la transformación comienzan a ocurrir.

Es un lugar en donde tu mente puede dejar de concentrarse en todo lo que la "ocupa" y distrae con los problemas diarios y puede enfocarse en la calma y la contemplación. Algunas personas lo encuentran meditando, haciendo yoga, corriendo, leyendo, regando el jardín e incluso cocinando. Yo en lo personal lo encuentro viajando, leyendo y escuchando música.

Todos necesitamos de estos momentos de aquietamiento, de contemplación profunda, de consentir a nuestra alma que tanto lo necesita. Cada quien debe encontrar su camino, el camino que lo llevará a percibir tangiblemente los beneficios que ocurren.

COMIENZA EL DÍA CON... ¡MANTRAS!

¡Ufff, si sabré yo lo difícil que es levantarse temprano! Pero algo que me ayuda a sobrellevarlo es que en lugar de encerrarme en mis cobijas y desconectar el despertador, tomo la decisión de decir algunos mantras.

La palabra en sánscrito *mantra* se forma con el prefijo *man* (pensar) y el sufijo *tra* (herramienta). La traducción literal sería entonces: "Instrumento del pensamiento". Un mantra es un conjunto de sonidos que tienen un gran poder espiritual y psicológico. Aquí quiero dar las gracias a mi maestro "Gurunaam", el Doctor Joseph Michael Levry, de quien he aprendido mucho y siempre está para mí.

Volviendo a los mantras, es una excelente manera de comenzar el día pues son poderosas herramientas de manifestación y sólo toma unos cuantos minutos cantarlos. Tú puedes definir los que desees. Por favor, te repito que no te limites, usa tu imaginación y tu creatividad.

He aquí algunos para que te inspires:

- Mi cuerpo está totalmente sano.
- Mi voluntad está alineada con la Voluntad de Dios (voluntad divina).
- Hoy elijo la felicidad.
- Soy fuerte, inteligente y capaz de lograr todo lo que me proponga.
- Atraigo la buena fortuna como un imán.
- Mi potencial es ilimitado.
- Hoy se despiertan mis fuerzas y dones creativos.
- Los cambios traen a mí renovación y rejuvenecimiento.
- Mi casa es un lugar de luz.
- Tengo todo lo que necesito para tener un gran día.

Si me escuchas por radio, sabes que diario en mi programa en Alfa, alrededor de las 8:00 a.m. digo un mantra; esto con la intención de que todos empecemos mejor el día al cambiar nuestra vibración y nuestra ACTITUD hacia lo que traiga consigo para nosotros.

Me llena de satisfacción saber que es algo que a ustedes, mi amado público, les encanta y ahora me lo piden, pues ya sienten que lo NECESITAN. ¡Gracias por haberlo aceptado y bienvenido a sus vidas desde el principio!

ACTÚA CON EMPATÍA

Poder ver el mundo a través de los ojos de otros viene de lo más profundo y hermoso de tu ser, viene del alma, de tu capacidad de ser amable y compasivo, de querer servir, de ayudar a los más débiles, viene de tu propia felicidad.

La empatía es la capacidad de ver y entender el mundo desde el punto de vista de otros. No tiene nada que ver con sentir pena o lástima por alguien más o juzgar; es la capacidad de poder decir "yo tengo mi opinión clara, pero estoy seguro de que tú puedes percibir esta situación de manera diferente".

A menos que podamos ver el sufrimiento, la desolación y la tristeza ajenos, estaremos viviendo en separación unos de otros, alejados totalmente de la UNIDAD. Pero la verdad es que no NACEMOS siendo empáticos; la empatía es una habilidad que debemos ir desarrollando conforme crecemos, algo que muchas veces no es tan fácil de hacer pues es complicado "ponerse y caminar en los zapatos del otro".

Los lóbulos frontales del cerebro son el área en donde vamos creando nuestras habilidades de razonamiento, de responsabilidad y nuestra inteligencia. Éstos comienzan a desarrollarse a los 2 años de edad más o menos, cuando un bebé comienza a darse cuenta de que es un ser independiente de su madre y que no todos ven el mundo de la misma manera que él. Por eso es tan importante que desde pequeños se nos enseñe a compartir, a tomar turnos, a perdonar, a no juzgar, a valorar a los demás aunque sean diferentes.

La empatía nos desenfoca un poco de nuestro interior y nos muestra la existencia de un exterior, lo que nos da las bases, reglas y sobre todo el "entendimiento" acerca de la convivencia y el respeto para poder cohabitar o vivir en sociedad.

¿Te das cuenta de lo importante que es esto y lo infravalorado que se tiene hoy en día? ¡Esto es lo primero que le debería de enseñar a sus hijos toda la gente! Si yo tuviera hijos, definitivamente lo tomaría como una prioridad. Me da mucho gusto saber que te hice reflexionar al respecto.

ADOPTA UNA MASCOTA O CUIDA UNA PLANTA

La grandeza de una nación y su progreso moral puede ser juzgado por la forma en que trata a sus animales.

MAHATMA GANDHI

¿Qué puede causar más ternura y seguridad que la mirada de un animal? Los animales son la obra maestra de la creación. Son leales, confiables, afectivos, agradecidos y están llenos de amor. En ellos no existe la maldad ni la venganza sin razón.

No existe el hacer daño por el placer de hacerlo, por diversión o conveniencia. Ellos se rigen por sus instintos y por la naturaleza de sus razas. ¡Son perfectos!

Son ENORMES maestros de lo que es Dios (o Inteligencia Infinita), pues Dios vive, ama y enseña a través de ellos. Los animales son inteligentes, divertidos, sensibles y entretenidos. Son una extensión de Dios… así lo creo.

Los animales no mienten, no JUZGAN, no critican… Para ellos no hay ego, no hay envidia, no hay conflictos internos pues saben perfectamente que su único objetivo es SER lo que son e interactuar con el espacio que habitan dando su esencia.

Las plantas, aunque en un nivel de conciencia distinto, son lo mismo. Son seres vivos que nos recuerdan que por más difíciles que sean las condiciones de nuestro entorno, siempre hay una manera de salir adelante y de APORTAR al mismo.

Como dijo Charles Darwin, "el amor por las criaturas vivientes es el atributo más noble del hombre". Y como ya lo dije y lo digo mucho en mis programas, TODOS ESTAMOS CONECTADOS y TODOS SOMOS PARTE DE UN TODO SUPERIOR.

Tener una mascota (a mí en particular me encantan los perros) es tener la oportunidad de sacar lo mejor de ti y plasmarlo en otro ser vivo que, con el tiempo, será tu reflejo. De entregar y recibir lealtad y un amor incondicional como pocos. De enseñar y aprender al mismo tiempo.

Entiendo que no para todo el mundo es fácil tener una mascota por tiempo y espacio. Si nunca has tenido un animal (¡UFFF, qué mal se escuchó eso!,

pues aquí no se trata de "poseer" sino de elegirse mutuamente como compañeros de vida) es algo que alguna vez en la vida tienes que hacer. No te vas
a arrepentir y vas a recibir enormes REGALOS que no te puedes ni imaginar.
Vas a tener a alguien dispuesto a darte siempre una compañía leal y amorosa.

Si por ahora no puedes tener uno, adopta una planta y cuídala, riégala,
platícale, escúchala, aliméntala y aprende de ella…

Lo que pretendo con esto es que te conectes con esa UNIDAD de la que
somos parte, pero que muy frecuentemente olvidamos.

Por último, quiero recordarte que hay muchos animales sufriendo pues
viven en la calle. Si no puedes adoptar uno, no los lastimes; su vida es ya de
por sí difícil.

> Hasta que uno no ha amado a
> un animal, una parte del alma
> sigue sin despertar.
>
> ANATOLE FRANCE

MUEVE TU CUERPO

Los que me conocen y me escuchan en mis programas saben cuánto me gusta Inglaterra. Las razones son muchas y una de ellas es cómo resurgieron para
ser una potencia mundial (en todos aspectos), después de haber estado su-
midos en un caos total y en menos de cincuenta años. Por supuesto cuentan
con un gobierno cuya filosofía siempre se ha enfocado en el bienestar de su

pueblo. Pero sin desviarme más, les quiero comentar sobre un anuncio que vi recientemente por allá tanto en camiones como en el metro y que dice así: "Comer no te mata, los sillones sí".

¡Me pareció genial!, pues se refiere a que por más mal o mucho que comas, lo que mata es no moverse, no hacer ejercicio, estar sentados por horas frente a una TV o una computadora.

Es verdad que no a todo el mundo le gusta hacer ejercicio; hay gente que lo odia, de hecho. Pero odiar hacer ejercicio es como odiar el hecho de que tenemos la capacidad de movernos. Y no te estoy diciendo que hagas una hora de cardio, una hora de pesas y otra de estiramiento, ¡no! Lo que digo es que, si nacimos con esa enorme capacidad, debemos aprovecharla y así podremos disfrutar de sus enormes beneficios:

- Bajar de peso
- Vernos más jóvenes
- Estar de mejor humor
- Tener una sangre más sana
- Dormir mejor
- Tener más vitalidad

1. Haz 30 minutos de ejercicio tres veces por semana. No tienes que estar en un gimnasio: hay rutinas sencillas y completas que puedes hacer fácilmente en tu casa.

2. Si no puedes ir al gimnasio ni tampoco puedes hacer ejercicio en tu casa (que eso ya me suena a pretexto y procrastinación, ¿eh?), entonces cambia un poco tus hábitos para poder ejercitarte. Por ejemplo, si tienes que ir en coche a algún lado, trata de estacionarte lo más lejos posible; elige las escaleras en lugar del elevador; si usas el transporte público,

bájate una parada antes de tu destino; si el lugar a donde te diriges es cerca, ve caminando, no en coche o en transporte.

Son sólo algunas propuestas. Lo importante es que te pares y te muevas. ¡Te vas a sentir mucho mejor!

HAZ LAS PACES CON EL PASADO

Éste es un tema que quiero tocar puesto que a MÍ en lo personal me ha costado mucho trabajo y sólo espero que lo que te voy a decir te pueda ayudar y de paso me ayude a mí también.

TODOS tenemos huellas dolorosas de la infancia o adolescencia, incluso de la adultez. Huellas de abandono, de rechazo, de decepción y de soledad que no hemos sabido procesar en su momento y que nos afectan en nuestra vida presente.

Hay también otras que llevamos en el inconsciente y que nos causan tanto dolor que no hemos podido recordar pues las tenemos bloqueadas. Sin embargo, de pronto nos hacen estallar y nos encontramos cara a cara con nuestros más horribles demonios, y no entendemos siquiera por qué.

Sea cual sea la situación, que tengamos clara la huella o no, si no hacemos una limpieza, nos seguiremos encontrando con situaciones de nuestro pasado que nos están limitando a desarrollar nuestro más grande potencial hoy.

Haz una lista de personas y situaciones que en el pasado te dañaron. Analiza tus errores y decide no volverlos a cometer.

Cuando de pronto estalles como bomba por una situación que no lo amerita, reflexiona por un momento, porque tal vez es algo doloroso que no recuerdas bien, pero que si lo analizas lo puedes llegar a recordar. O tal vez no, pero en ese caso, DECIDE conscientemente liberarte de esa situación, agradécele por lo que te haya hecho sentir y enseñado, suéltala con amor y pídele no regresar.

La verdad es que esto requiere de mucho trabajo interno, de sentarte a analizar qué de tu pasado te está afectando hoy y honestamente no soy un experto en el tema. Lo que sí te puedo aconsejar es que te tomes un tiempo que tal vez piensas que no tienes para hacer esto pues será el mejor invertido.

¡PERDONA, PERDÓNATE Y LIBÉRATE! Haz las paces con tu pasado, toma todos sus aprendizajes y úsalo para impulsarte y ser más fuerte y poderoso.

Aquí también quiero aprovechar para que... si hay alguien que esté leyendo y que yo haya dañado de alguna forma... POR FAVOR, PERDÓNAME.

APRENDE A ENVEJECER EN PLENITUD

Mark Twain dijo algo que me parece muy acertado: "La edad es un tema de la mente sobre la materia. Si no te importa, no importa". Y tiene toda la razón: la edad es mental.

Es verdad que el cuerpo con los años va teniendo ciertas limitantes, pero si nos mantenemos activos de mente, si nunca dejamos de aprender y si siempre nos sentimos bien con nosotros mismos, la vejez sólo es una parte (y puede ser una maravillosa) de la vida, una etapa de oportunidades y de cosechar lo que sembraste a lo largo de los años tanto en tu trabajo como con tu familia, tus amigos... ¡Oportunidades! Porque es entonces cuando vas a contar con gran sabiduría e, idealmente, muchas oportunidades y ocasiones para aplicarla.

Si quieres ser joven de mente y sentirte bien con tu edad, sea cual sea, no permitas que tus arrepentimientos lleguen a ser más grandes que tus sueños.

Crecer es inevitable y envejecer también. Todos vamos para allá y lo importante es cómo te SIENTES respecto a ti. Aunque aún soy joven (muy joven, jejeje), tengo el ejemplo de mis padres de lo que es una vejez plena. Claro que mi madre murió en febrero de 2016 y eso vino a cambiarlo todo para todos, pero eran un ejemplo de vejez feliz, plena y agraciada.

No trates de evitarla y no te quedes atascado en una etapa en la que ya no estás… Mejor VIVE y disfruta cada etapa de tu vida con la mayor dignidad y felicidad posibles.

> Nunca podrás cambiar tu vida hasta que cambies algo que haces diariamente.
>
> JOHN C. MAXWELL

> Tu tiempo es limitado, así que no lo desperdicies viviendo la vida de otra persona.
>
> STEVE JOBS

LLENA TU VIDA DE MÚSICA

La música es mi vida. Quienes me escuchan en mis programas de radio lo saben, y para los que me están apenas conociendo, por favor sépanlo… AMO LA MÚSICA. Si yo me dedico a lo que me dedico, es gracias a ella. La banda británica Genesis y muchas otras son una parte importantísima de mi infancia y mi adolescencia, de darme cuenta de que mi misión en la vida es HACER RADIO. (Gracias a mis hermanitos Hugo y Roberto por haberme adentrado en este mágico y maravilloso mundo de la música.)

Desde pequeño, para mí la música ha sido una verdad, mi compañera entrañable en momentos de soledad. Una canción que me gustara podía componerme el ánimo y reanimar mi espíritu. La música es mi forma de vida, mi pasión, mi sustento y mi inspiración. Es el alimento diario de mi alma.

La música tiene la enorme capacidad de comunicar lo que con palabras nos cuesta trabajo expresar, de llevarnos a lugares mágicos y desconocidos. Puede hacernos reír, llorar, gritar y hasta salvar nuestra vida, ¡en serio!

Como dice Arthur Schopenhauer: "En la música, todos los sentimientos vuelven a su estado puro y el mundo no es sino música hecha realidad". Exactamente eso es: ¡ES VIDA! Es vida sin límites, sin fronteras, sin banderas, sin colores ni géneros. Es la armonía del Cielo y la Tierra.

La música despierta las fibras más sensibles de nuestro ser, nos hace más sensibles y perceptivos, aviva nuestra imaginación y nuestro poder creativo. Cierta música nos acerca al mundo angelical y místico, estoy 100 por ciento convencido de eso.

Escucha música, la que te guste, la que te llegue en cada momento y estado de ánimo, hazla parte de tu vida, déjate llevar por sus ritmos y PONTE A BAILAR haciendo tus actividades. Permite que te acompañe, te consuele, te haga cosquillas y te haga dormir.

¡MÚSICA PARA TODO! ¡MÚSICA PARA SIEMPRE!

Gracias a todos aquellos que me escuchan y que aceptan mis propuestas musicales. Gracias por estar abiertos a lo que les presento. ¡GRACIAS al mejor público, el mío!

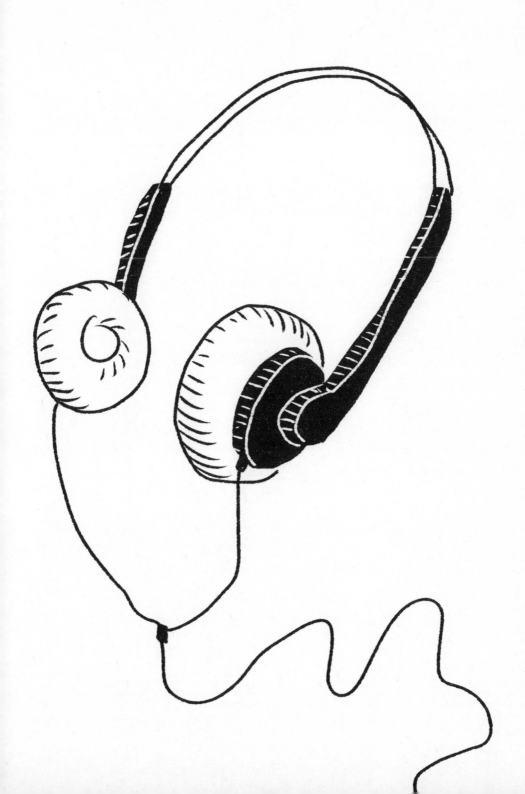

PARTE 3
Resetear

CAPÍTULO 12
¿Hacia dónde vamos ahora?

Lo que hagas hoy puede
mejorar todas tus mañanas.

RALPH MARSTON

¿Tienes la voluntad y los *huevos* (que conste que al principio pedí disculpas) para dejar de ser quien piensas que has sido y ser a partir de ahora la mejor versión de ti mismo? ¿Estás dispuesto a nunca quedarte al margen de lo que hasta hoy has creído que es tu máximo potencial?

Siempre será más fácil y confiable vivir en una zona segura en donde no pasa nada —ni bueno ni malo tal vez—, pero que nos va haciendo marchitar y secarnos por dentro, olvidar los sueños, conformarnos, perdiendo nuestros colores y eso para lo que nacimos.

La verdad es que entre más seguros estemos, más miedo vamos sintiendo de todo lo nuevo. Una vida demasiado segura y predecible puede llegar a generarnos también ansiedad y angustia. Paradójicamente, cuando nos arriesgamos a intentar algo nuevo y fracasamos, es cuando más aprendemos y es precisamente ahí cuando comenzamos a adoptar una nueva perspectiva —una mucho más amplia— acerca del potencial con el que venimos equipados.

Las personas súper exitosas no son de una raza distinta a la que somos tú y yo. Son simplemente humanos, personas ordinarias, como tú y como yo, que se han atrevido a ver lo que serían capaces de lograr y que han actuado en consecuencia. Igual que tú y yo, ellos sintieron miedo y angustia en un principio, miedo al fracaso, miedo a la burla, miedo a lo desconocido, pero en lugar de dejarse vencer por ese miedo, lo utilizaron para empoderarse.

Piensa por favor que Albert Einstein, Steve Jobs, Marie Curie, Benito Juárez, Leonardo da Vinci, Michael Phelps, Buda, John Rockefeller, Salvador Dalí, Winston Churchill, Cantinflas, Usain Bolt, Mozart, Frida Kahlo y Mahatma Gandhi tenían, igual que tú y que yo, dos piernas, dos brazos, una cabeza y las mismas veinticuatro horas en el día de las que tú y yo disponemos.

¿Qué los hizo y los hace diferentes de ti y de mí? NADA, excepto el hecho de que ellos sí se atrevieron a ser diferentes y a avanzar hacia sus convicciones aunque sintieran miedo o angustia.

Dar ese paso inicial a un mundo de nuevas posibilidades es lo primero y más importante que puedes hacer para provocar que grandes cosas te sucedan.

Creo de corazón que es el momento idóneo y perfecto para explorar diferentes posibilidades, para cambiar rutinas, para abrirte a todo lo nuevo que se te irá presentando en la vida.

Ahora ya sabes que tú y tu cerebro presentarán resistencia a los cambios tan arraigados por tantos años, pero también sabes que es un proceso del que, por supuesto, saldrás triunfador.

En el siguiente capítulo te comparto algunos elementos que te pueden ayudar a llevar a cabo este cambio… ¡Feliz nueva vida!

CAPÍTULO 13

Consejos, teorías, técnicas, ejercicios y experimentos

Antes de seguir, quiero poner énfasis en lo importante que es llevar a cabo de manera diaria o lo más seguido que puedas la práctica de uno o varios de los ejercicios, técnicas, consejos o experimentos que a continuación te voy a sugerir.

Desde ahora te digo que algunos te van a hacer reír y otros te van a hacer llorar. Unos te van a encantar y a otros los vas a odiar. Vas a sentir dualidad (bueno y malo, blanco y negro, frío y calor, fuego y hielo...), que es una maravillosa parte del proceso de crecimiento; y mientras eliges los que más te gustan, todos y cada uno te servirán para prepararte para una nueva conciencia.

Para poder sacar mayor ventaja de ellos, te sugiero que hagas un par de ejercicios que te permitan poner tu cuerpo y mente en un estado receptor. Te recomiendo que "abras" y "cierres" tus procesos: "ÁBRETE" (pág. 130) te permitirá obtener un mayor beneficio, pues cada vez estarás despertando tu intuición y te pondrás en sintonía con la Inteligencia Infinita y con tus deseos. "CIÉRRATE" (pág. 185) te hará mantener el control sobre tu energía y así las energías externas no podrán afectarte a menos que tú así lo decidas. Te hará menos susceptible a lo negativo de otras personas o lugares.

Los ejercicios no tienen un orden específico; esto es con el fin de que hagas el o los que más te gusten o que necesites en determinado momento sin tener que seguir una secuencia. Esto también es parte de RESETEAR tu cerebro, ya que podrás ejercitarlo al hacer memoria, decidir e identificar lo que necesitas. Los únicos que te sugiero hacer siempre, como lo acabo de comentar, son los de "ÁBRETE" y "CIÉRRATE".

¡ÁBRETE!

1. Parado o sentado, como mejor te sientas, deja que tu cuerpo se relaje. Siente cómo cada uno de tus músculos, incluso los de alrededor de tus ojos y boca, se relajan. Sonríe muy suavemente. Siente tus hombros sueltos y tu cuello sin tensiones. Siente esa relajación como una gota de agua corriendo por todo tu torrente sanguíneo, de arriba abajo.

2. Respira profundamente hasta que agarres un ritmo armonioso. Si te vienen algunos pensamientos que te distraen, permite que se vayan por unos minutos; trata de no pensar en nada. Esto no es fácil de hacer, así que te sugiero que pienses en un escenario totalmente blanco y te concentres en retenerlo en tu mente.

3. Ahora imagina una luz muy brillante que viene bajando desde el cielo; ni siquiera alcanzas a ver su origen. Imagina que entra a tu cuerpo por la parte superior de tu cabeza (chakra corona, que veremos más adelante), atraviesa todo tu cuerpo y sale por tu entrepierna (chakra raíz) para conectarse (anclarse) a la tierra. Siéntete parte de esa luz brillante, del Cielo y de la Tierra.

4. Quédate unos instantes visualizando ese flujo de energía del que ahora eres parte y decide que así será durante toda tu práctica.

LLEVA UN REGISTRO

En la parte 2 comenté los beneficios de llevar un diario en tu vida. En este mismo diario quiero que anotes todo lo referente a los ejercicios y técnicas que en este libro te estoy recomendando y sugiriendo. En tu diario también podrás anotar los ejercicios y técnicas que más te gustan y mejor te sirven tanto de la parte 2 como de la parte 3. Podrás llevar un registro de la combinación de ejercicios que te ayudan más para un área de tu vida y los que te sirven para otra; pueden ser diferentes combinaciones.

Te sugiero para el "diario" de tu nueva vida anotar:

- La fecha en que haces algún ejercicio.
- La técnica o ejercicio que hiciste y por qué lo elegiste.
- Las herramientas que necesitaste.
- El resultado obtenido.

Mientras escribes los resultados, podrás ir descubriendo los ejercicios que te resultan mejor y los que sientes que no te sirvieron para el propósito que los hiciste.

¿QUIÉN ERES?

Eres la combinación *única* y *especial* de rasgos, actitudes, habilidades físicas y mentales que te hacen ser quien eres. Reconociéndolas, aceptándolas y celebrándolas podrás conocerte mejor.

Por favor, haz el siguiente ejercicio y anota:

- ¿Cómo te describirías a ti mismo en una sola oración?

_____

_____

- ¿Tu descripción se enfocó en el rol que desempeñas en el trabajo, como padre/madre, como hijo o pareja de alguien o como un ser individual con talentos propios?

_____

_____

_____

_____

- ¿Cuáles son tus principales rasgos o valores (por ejemplo: confiable, leal, determinado, fuerte…)?

_____

_____

_____

_____

• ¿Te consideras una persona más racional o emocional? ¿Por qué?

_____

_____

_____

_____

• ¿Cuáles son los principales logros u objetivos que te has propuesto y has alcanzado?

_____

_____

_____

_____

• Esos logros que acabas de anotar, ¿se refieren a tu vida personal o profesional? ¿Fueron para ti o para alguien más? Aquí podrás darte cuenta de si has enfocado tu vida en ti y en tu felicidad o si siempre has hecho de otros tu prioridad.

_____

_____

• Después de reflexionar un momento sobre lo anterior, ahora por favor haz una lista de lo que te gustaría hacer para TI, aquello con lo que has soñado siempre.

_____

_____

_____

_____

_____

_____

_____

_____

• Honestamente, ¿por qué no lo has hecho? ¿Qué te ha faltado o se ha interpuesto?

_____

_____

_____

Esta lista la deberías traer siempre contigo en tu bolsa o cartera para que no pierdas de vista qué es lo que TÚ realmente deseas (estudiar un idioma, jardinería, aventarte de un paracaídas, viajar…).

Teniéndolo claro es mucho más fácil llegar, pues estarás enfocando tu energía en que suceda. El Universo trabajará a tu favor si estás bien definido. Por favor, lee diario esta lista. ¡Diario!

SOBRE APRENDER A RESPIRAR (LA TÉCNICA DEL 4 × 4 Y 4, 5, 6)

En el capítulo anterior hablamos sobre la importancia de aprender a respirar. Ahora vamos a ver cómo hacerlo y que puedas recuperar el control y la conciencia sobre ti cuando sientas que los estás perdiendo o te están dando ganas de volver a dormir.

- Necesito que te regales 4 minutos 4 veces al día para hacerlo: al despertar, a media mañana, a media tarde y en la noche antes de acostarte.
- Encuentra un lugar tranquilo en el que te puedas sentar con los pies en el suelo y recargado con la espalda recta; que tenga las menos distracciones posibles. Sonríe siempre.
- Inhala por la nariz en un lapso de 4 segundos y sostén dentro el aire por otros 5 segundos.
- Exhala por la boca todo ese aire en un lapso de 6 segundos.
- Repítelo 3 veces más o hasta que te sientas conectado.
- Recuerda: 4 segundos inhalando, 5 segundos sosteniendo y 6 segundos afuera.
- Si te mareas al principio, ve más despacio y hazlo menos veces.

Respirar es algo que puedes y debes hacer todo el tiempo, donde y como sea. Mejor hacerlo bien y obtener sus enormes beneficios. De hecho esto puede hacer que todos los demás ejercicios de este libro tengan un potencial aún mayor.

¿QUÉ AMAS Y QUÉ ODIAS DE TI?

Nunca somos suficientes cuando de autoevaluarnos se trata. Siempre va a haber un detalle que nos hace no estar perfectos, no vernos como quisiéramos, no ser tan listos como esperamos ni delgados, ni graciosos… etcétera, etcétera, etcétera. Podemos pasarnos la vida entera buscando la evidencia que lo corrobore y si la buscamos bien, seguramente la encontraremos.

Para estar completamente en el presente y conectado a la Inteligencia Infinita, debes ser honesto y conocer a la perfección tanto tus sombras como tu luz.

En los renglones siguientes, por favor escribe todo lo que amas de ti mismo (espero que el espacio no te sea suficiente). No te contengas ni te apenes; escribe todo eso por lo que eres único y especial. Es algo que sólo tú vas a leer, así que te puedes explayar y sentir orgulloso tanto como lo desees.

_____

_____

_____

_____

_____

Ahora por favor escribe todo lo que detestas de ti. Sé igual de honesto y claro; recuerda que nadie te va a juzgar. Es tu oportunidad de pensar en eso que no te atreves a decir a los demás, pero que siempre has sabido que es tu talón de Aquiles.

_____

_____

_____

¿Ya tienes tus listas completas? ¿Seguro no te faltó nada que quieras agregar? ¿Fuiste totalmente honesto e imparcial al juzgarte?

Ahora léelas muy detenidamente. Léelas varias veces cada una. Esto puede tomarte algún tiempo pero será uno bien invertido. Te ayudará a conocerte mejor y a aprender a aceptarte tal cual eres; sobre todo, a apreciar todo aquello bueno y malo que vive dentro de ti y que te hace ser TÚ.

Si reconoces tu lado siniestro y buscas expiarlo, quedas libre para ser mejor persona y para ayudar a otras personas. También te puede servir para querer cambiar algo que tal vez nunca habías querido aceptar pero que ahora ya lo sabes.

La felicidad sólo puede existir en la aceptación.

GEORGE ORWELL

SOBRE APRENDER A DECIR "NO"

En los próximos días, elige consciente y deliberadamente algunas situaciones a las que siempre has dicho que sí aun sin quererlo, pero ahora di "NO". Hazlo por amor y respeto a ti, sin enojo, sin despecho y sobre todo SIN CULPA.

Elige algo que históricamente te ha resultado muy difícil de rechazar y recházalo. Recházalo con toda la compasión y la luz que puedas hacerlo.

Decirle "NO" a un hábito fuertemente arraigado puede resultarte muy difícil de hacer, sobre todo cuando un "favor" se va desvirtuando hasta convertirse en una "obligación". Esto no sólo es bueno para ti, sino para todos los que te rodean pues los ayudarás a salir de su propia zona de confort. Al principio tal vez se molesten pues ahora ellos tienen una nueva responsabilidad, pero lo mejor es que cada quien se haga responsable de sí mismo.

En cuanto digas "NO", date cuenta de cuán liberador es y de lo ligero que te vas a sentir. Describe esa sensación de liberación para que cada vez te sea más fácil llevarlo a cabo.

EL ENORME PODER DEL PERDÓN

La palabra PERDÓN viene del latín *per*: con insistencia, muchas veces, y *donare*: donar, dar, regalar. Perdonar es dar, donar, hacer un regalo.

Tanto perdonar como pedir perdón son grandes actos de valentía que siempre nos van a edificar y a hacer sentir mejor e ir más ligeros por la vida, pues significa que hemos asumido y reconocido nuestra parte de responsabilidad en lo acontecido (sea lo que sea).

Perdonar es una parte fundamental acerca de aprender a SOLTAR y DEJAR IR lo que ya no nos sirve, no nos hace felices y no es para nuestro mayor bien. Es dejar de aferrarnos a sentimientos de odio y resentimiento. El antídoto para el enojo es el perdón. Es dejar de echarle limón a la herida y en lugar de esto, ¡permitir que cicatrice, pues!

OJO: perdonar no es sinónimo de olvidar. Pero sí es tomar una responsabilidad bilateral aunque la otra persona ni siquiera esté lista para recibir ese regalo de tu parte.

No es fácil perdonar, nada fácil. Por ejemplo, a las víctimas de un crimen violento les cuesta mucho y deben repetir un proceso de sanación muchas veces antes de poder hacerlo y liberarse. Pero aquellas personas que lo logran encontrar en su interior para otorgarlo a sus agresores, son las que tienen una oportunidad de ser felices de nuevo.

Respecto a este tema, te recomiendo mucho leer a Immaculée Ilibagiza, una mujer que es el claro ejemplo de la fe y el perdón, pues en el año de 1994, durante el gran genocidio en Ruanda, después de haber sido abusada sexual, física y psicológicamente, al poder escapar de sus verdugos, estuvo durante noventa y un días junto con otras siete mujeres encerrada en el pequeño baño de la casa de un pastor, sólo para que, al salir finalmente (pesando la mitad de lo que pesaba al entrar), se enterara que toda su familia había sido brutalmente torturada y asesinada. A pesar del indescriptible dolor por todo lo sucedido a ella y a sus seres amados, eligió trabajar en ella misma y encontró que SÍ era posible perdonar de corazón a sus torturadores y a los asesinos de su familia. Con el perdón llega también un increíble sentimiento de paz y una sensación muy reconfortante de que se puede continuar con la vida hacia delante.

Para aprender a perdonar, te voy a pedir que hagas un pequeño proceso por escrito y que por favor lo repitas cada vez que sientas que hay algo que no puedes perdonar:

1. Escribe lo que te tiene tan enojado. Es tu versión de los hechos, así que por favor hazlo con detalle y con todo lo que te ha hecho sentir.

_____

_____

_____

_____

2. Pregúntate a ti mismo: ¿por qué me estoy aferrando a mi enojo? ¿Cuál es el verdadero valor que tiene? ¿Es demasiado grave o estoy exagerando un poco?

_____

_____

_____

_____

3. ¿Qué pasaría si intercambiara mi enojo por perdón? ¿Cómo me sentiría?

_____

_____

_____

_____

4. ¿No será que muy en el fondo no perdonas pues has tomado el papel
    de víctima o mártir de la situación y estás muy cómodo en él? Siempre es
    mejor que otro sea el villano, ¿no?

_____

_____

_____

_____

5. Toma en cuenta cómo te ha afectado la situación que te hizo enojar (a tu
    persona, económicamente tal vez, a tu familia) y si tu enojo ya es más gran-
    de que tú, es decir, si le cediste el control al enojo o lo sigues teniendo tú.

_____

_____

_____

_____

6. Enfócate y piensa en la persona que causó tu enojo o decepción y, por favor, ponte en su lugar un momento. Escribe tu versión de los hechos como si fueras esa persona. Imparcialmente (muy difícil, pero hazlo).

_____

_____

_____

_____

7. Ahora que dentro de ti existen las dos posibilidades, las dos versiones de los hechos y las dos caras de la moneda, averigua si en tu interior puedes encontrar la paz para perdonar a esa persona, aunque no puedas perdonar ni olvidar sus palabras o actos.

_____

_____

_____

_____

Puede ser que necesites trabajar en este *proceso de perdón* más de una vez, pero si logras enfocar tu atención en soltar el enojo, poco a poco irás sintiendo que te liberas de una situación que está robando parte de tu vida y tu felicidad.

Por supuesto que hay cosas imperdonables, pero ésas son las cosas o situaciones; perdona al medio y siente paz TÚ.

PONLE ATENCIÓN AL ESPEJO

Ya hablamos sobre lo desempoderante que es compararte con alguien más. Y no porque otros u otras sean mejores que tú, ¡eso no! Sino porque pueden encajar mejor en los estereotipos que se tienen establecidos como mejores o hermosos por la sociedad.

Por favor, no puedo poner suficiente énfasis en que ésta es la peor enfermedad a la que nos estamos enfrentando como humanidad, ¡no hagas caso!

Los celos y la envidia son enemigos de la felicidad puesto que nos hacen enfocarnos en lo que creemos nos hace falta en nuestra vida —eso que por lo general está justamente fuera de nuestro control—. Cuando nos comparamos con alguien más, siempre vamos a estar "necesitados" y "deseosos".

Créeme, la envidia es una pérdida de tiempo. Tú ya tienes todo lo que necesitas. Un descontento momentáneo puede ser el detonante para decirte: "Yo quiero tener eso", "Yo soy capaz de lograr aquello también", "Yo podría hacer esto otro". Si te lleva a tomar acciones, ¡el impacto puede ser muy positivo! Pero si compararte te lleva a estar enojado, frustrado o a sentir lástima o decepción por ti, te puede llegar a afectar hasta físicamente (todos nuestros cuerpos están conectados, ¿recuerdas?). Eso es lo que está pésimo y que además de todo, créeme, sólo es una fantasía.

Si llegas a sentirte así de mal, aquí te enumero algunas soluciones rápidas que te pueden ser de utilidad, pero te recomiendo que vayas al problema de manera mucho más profunda:

- Ponle atención a tu cuerpo (ya te hablé antes de esto). Date cuenta de lo que estás sintiendo y qué partes de tu cuerpo están siendo afectadas. ¿Estás enojado, tenso, triste, asustado? ¿Sientes algo en el estómago, los hombros, la mandíbula, el corazón?

_____

_____

_____

_____

- Haz una inhalación profunda y muévete, sacude los brazos, brinca, sonríe, sal a correr, grita o llora. Anota para qué te sirvió.

_____

_____

_____

- Haz alguna actividad física para eliminar la tensión y favorecer el relajamiento corporal. Ve a hacerlo, yo aquí te espero y en cuanto regreses, por favor anota qué hiciste.

_____

_____

_____

_____

_____

- ¿Qué es lo que realmente te molesta de ti y que estás viendo como aspi-
  racional en otra persona?

_____

_____

_____

_____

- ¿Desde cuándo te sientes así de molesto y frustrado? ¿Será que desde
  pequeño te fuiste o te fueron instalando en el subconsciente estos pensamientos carentes sobre ti mismo?

_____

_____

_____

_____

- Considera tu situación actual. ¿Qué es lo que te causa tanta insatisfacción? ¿Qué necesitarías hacer para cambiarlo? ¿Cuándo empiezas?

_____

_____

_____

_____

- Si has identificado el origen de estas frustraciones, de quién vienen o desde cuándo fueron plantadas, ¿estás dispuesto a perdonar a quien lo hizo (probablemente lo hizo sin la conciencia y el afán de dañarte) y así seguir adelante con tu vida?

_____

_____

_____

_____

Apóyate en el ejercicio anterior "El enorme poder del perdón" para perdonar y dejar ir esta situación que puede ser que venga de mucho tiempo atrás pero que sólo te daña a ti.

Recuerda que tú eliges la respuesta a las oportunidades que se te presentan.

TU ESPACIO SAGRADO

Éste es un proyecto completo que me emociona compartirte, pues si lo haces, comenzarás a ver sus beneficios en poco tiempo: TU SANTUARIO DE SANACIÓN.

Te voy a pedir que tú mismo diseñes este espacio sagrado usando una combinación de sonido, olor y color de acuerdo con tus gustos y necesidades. Lo podrás usar para incrementar tus niveles de energía, tu memoria, tu desempeño sexual o tu salud.

Este ejercicio es muy poderoso pues utiliza varias herramientas que trabajan en armonía en varios niveles, creando una sinergia en tus cuerpos (físico, mental y etérico) e integrando tu energía. Los resultados suceden en cada una de tus capas energéticas; digamos que unifican la energía entre todos tus cuerpos.

Al mismo tiempo de darte calma, será una inyección a tu vitalidad, lo que te hará tener un sistema inmunológico más fuerte capaz de combatir enfermedades. Trabajará en cada una de las células de tu cuerpo.

¿Listo? Es muy sencillo…

1. **Decide qué música deseas escuchar**

   Aunque te guste el rock o la música electrónica, piensa en qué tipo de música te gustaría escuchar en un espacio de curación o sanación. A mí me gusta escuchar música tranquila con instrumentos de viento, cuerdas o gaitas, sonidos de la naturaleza o grupos de progresivo con cantos dulces. Pero cada quien tiene sus preferencias. Por favor, toma como base lo que ya platicamos anteriormente sobre el poder del sonido (pág. 107); esto te puede ayudar a hacer tu selección.

2. **Decide tu color**

   De acuerdo con la lista de colores y sus capacidades curativas que ya vimos en el apartado sobre el poder del color (pág. 106), elige el que requieras en este momento. Trata de utilizar una versión suave y tenue para comenzar; por ejemplo, utiliza el rosa que es una versión más tenue del rojo, puesto que el rojo tiene una vibración muy fuerte y puede causar enojo en lugar de amor si la dosis es muy alta.

3. **Escoge el aroma que quieres o necesites para completar tu práctica**

   Cilantro: resulta ideal para estómago, dolores y afecciones.

   Eucalipto: es antiséptico. Combate afecciones en vías respiratorias.

   Incienso: ayuda a la concentración, meditación y prácticas espirituales.

   Jazmín: atrae el amor.

   Jengibre: calienta y alcaliniza la sangre, es afrodisiaco, mejora la circulación.

   Lavanda: favorece la relajación y disminuye la tensión y el estrés.

   Limón: limpia el ambiente y fortalece el sistema inmunitario.

   Madera de cedro: aminora los dolores menstruales.

   Manzanilla: calma los nervios.

   Mejorana: ayuda al estreñimiento.

   Menta: estimula y revitaliza la mente fatigada.

   Naranja: proporciona energía y es un buen tónico.

   Pachulí: es antidepresivo.

   Romero: es un gran estimulante y revitalizante. Excelente para el cansancio físico y la falta de energía.

   Sándalo: relaja y calma la mente.

   Toronja: proporciona seguridad e incrementa la autoestima.

Para preparar tu aroma, puedes comprar un aceite esencial y añadir unas cuantas gotas a un atomizador con agua, o bien utilizarlo en un difusor. Puedes también hacer un té si son hierbas y ponerlo en el atomizador y esparcirlo en el ambiente.

Ahora puedes hacer tu santuario si ya tienes elegido todo lo anterior. De preferencia debe ser un lugar fijo (no tiene que ser un espacio grande; puede ser un baño que sólo tú utilices, un rincón en la sala, una esquina en tu patio, al pie de tu cama…), aunque entiendo que tal vez no puedas disponer de él. Si éste es el caso, entonces guarda tus cosas en una caja y sácalas cada vez que vayas a utilizarlas.

Lo que sí necesitas encontrar es un momento en que estés solo y te puedas relajar y estar en silencio.

4. Haz tu pirámide mágica

- Asegúrate de que tu espacio (sea uno establecido o que lo prepares cada vez que lo haces) esté limpio, callado y cómodo. Ten un vaso de agua a la mano y toma unos sorbos constantemente.
- Pon la música y rocía el aroma que elegiste hasta que sea lo predominante en el lugar.
- Siéntate con las piernas cruzadas o como te sientas más cómodo.
- Cierra los ojos. Olvida por un momento todas tus preocupaciones y temas que requieren atención.
- Imagina un espacio totalmente blanco. Visualízate en tu mente sentado tal cual estás pero en el centro de ese espacio en blanco.
- Ahora imagina y visualízate igual sentado pero dentro de una pirámide. Imagina tu pirámide del tamaño que quieras y con los lados que gustes también. Ésta es TU PIRÁMIDE MÁGICA y puedes imaginarla

del color y tono que desees de acuerdo con lo que necesites en ese momento. Puedes modificar a tu gusto, en tu mente, el tono del color que elegiste.

- Mira cómo tu pirámide brilla intensamente (como el sol) del color que elegiste y cómo salen rayos desde sus paredes hacia su interior, en donde tú estás sentado. Te llenas de esa energía del color.

- Siente cómo aumenta la sensibilidad de tus sentidos (el olfato, el oído, el color), así como tu vibración energética. Absorbe e integra a tu ser todas estas energías.

- Respira profundamente mientras te enfocas en tu cuerpo y tus sentidos. Inhala por la nariz y exhala por la boca.

- Mientras respiras, sigue visualizando el color y brillantez de la pirámide en la cual estás, y siéntete estimulado por los colores que ves, lo que hueles y lo que escuchas.

- Siente cómo la vibración de tu cuerpo se eleva y todo lo negativo sale de él. Visualiza cómo todo esto entra a tu cuerpo en diferentes "capas", cómo limpia esa área en donde sentías dolor y limpia y "clarifica" todo lo que necesita ser limpiado.

- Quédate ahí el tiempo que desees hacerlo. Cada quien tiene resultados diferentes. Puedes sentir vibraciones, paz; puedes tener ganas de llorar o de reír. Para cada quien es una experiencia distinta.

- Al terminar, visualiza cómo sales de tu pirámide lleno de esa luz brillante que te proporcionó y agradécele. Abre los ojos muy despacio e incorpórate lentamente.

Esto lo puedes hacer cuantas veces quieras; siempre será benéfico para ti. Siéntete en la libertad de hacer todas las combinaciones que quieras entre color-sonido y aroma hasta que encuentres la que más te guste y sirva. Puedes descubrir que diferentes combinaciones sirvan para distintas situaciones, pues sus efectos son también diversos. Lo importante es que te sea de utilidad pues es una herramienta ancestral poderosa.

Recuerda que no importa dónde lo hagas; puede ser en el cuarto más ruidoso y ocupado de la casa, siempre y cuando en el momento que lo uses esté en silencio y para ti solo. Después de que termines puede volver a ser el cuarto ruidoso y concurrido que siempre es.

Por favor, toma en cuenta que todo esto que te sugiero, enseño y recomiendo no logra cambios de la noche a la mañana. Se requiere de tu creencia, compromiso y constancia.

RESETEA TU CEREBRO

Como ya lo vimos y lo comento constantemente en mi programa, la velocidad a la que vivimos es algo que ninguno de nuestros antepasados pudo haber imaginado. No tenemos tiempo de observar, apreciar y contemplar nada. Y esto hace que nuestro cerebro trabaje cada vez más en automático, sin poder tener un respiro para enterarse realmente de lo que está pasando a nuestro alrededor. Por eso, ahora te voy a pedir que le des una recarga de energía a tu cerebro… pero esto sólo se logra poniéndolo previamente en pausa y calma (se llama homeostasis).

Detente de lo que estés haciendo, deja todo como está. Mira fijamente a tu alrededor; te pido que hagas esto durante 3 minutos. Utiliza todos tus sentidos y anota todo lo que ves, lo que escuchas, lo que hueles, lo que tocas, si hay algo que puedas saborear. Cómo entran los rayos del sol e iluminan un objeto al que nunca le habías puesto atención, la cantidad de polvo que hay sobre un libro, el olor de lo que están cocinando en algún lugar cercano, la suave textura del sillón en el que estás sentado, el canto de un pájaro apenas perceptible, ¡o el de un claxon que te pone los nervios de punta! En fin…

Tres minutos son relativamente poco, pero es lo que se necesita para comenzar a resetear tu cerebro, para traer a tu ser al momento presente y los beneficios son enormes.

Por favor, anota con detalle:

_____

_____

_____

_____

_____

Te darás cuenta de que estás descubriendo cosas que tal vez están donde siempre han estado pero que nunca las habías realmente notado o habías visto a detalle. Después de hacer esta pausa, podrás notar que tienes mejores ideas o que la solución a un problema se presenta de manera más rápida.

DESCÚBRETE / CONÓCETE

Este ejercicio es muy diferente a los ejercicios "¿Quién eres?" y "¿Qué amas y qué odias de ti?" de este capítulo, pues te hará descubrir / conocer / aceptar o incluso RECORDAR otros aspectos de ti.

Por favor, contesta las siguientes preguntas. Puedes hacerlo de forma escrita, a través de un dibujo o con imágenes que las ilustren:

1. ¿En qué momento o momentos crees que te sientes mejor, que te sientes pleno y feliz y son momentos que quisieras prolongar por mucho tiempo?

2. ¿Quién saca lo mejor de ti? Te pone de buenas, te empodera, te hace reír…

3. ¿Qué saca lo mejor de ti (actividades, lugares, eventos)?

4. ¿Qué o quién saca lo peor de ti? Te saca de tus casillas, te hace enojar, te pone de mal humor, te desconcentra…

5. ¿Para qué eres bueno? ¿Qué es algo para lo que tienes una facilidad nata y además te gusta hacer aunque no lo hagas muy seguido o lo hayas dejado de hacer?

Al leer y observar tus respuestas, te aseguro que tendrás una perspectiva nueva sobre TI. Tal vez recordaste lo bueno que eras en algo que dejaste por falta de tiempo o por creer que no tendría el suficiente retorno económico o por la presión social. Podrás apreciar los TALENTOS con los que fuiste dotado y que tal vez los tienes empolvados en lo más profundo de tu ser. Tal vez recordaste que eres ESPECIAL y GRANDIOSO haciendo algo que solías hacer y que por una u otra razón ya lo habías olvidado.

Ahora por favor contesta este par de preguntas adicionales. Recuerda que son sólo para ti:

1. ¿Tendrías el valor suficiente para retomar tus dones y desarrollarlos al máximo?

2. ¿Cómo puedes priorizar tus tiempos para llevarlo a cabo? Recuerda que todo lo que vale la pena implica un sacrificio.

Trata de volver a esa imagen que en algún momento tenías de ti. Si puedes retomar algunos de estos dones, ¡sería excelente también! Pero si no te es posible, el simple hecho de haberlo recordado, ya hizo que tu cerebro creara miles de conexiones neuronales nuevas.

EL PODER DE REÍR Y SONREÍR

Siempre lo digo en mi programa y realmente lo creo. Previamente hablé del poder de la risa/sonrisa. Una carcajada REAL y SINCERA tiene el poder de transformar tu energía. La expresión "Me reí hasta que me dolió el estómago" es verdad y tiene razón, pues viene de lo más profundo del cuerpo y es una liberación de energía.

Claro que no toda risa es positiva; también existen la burla y la risa negativa. Tampoco toda burla es mala. Existe ésa colectiva al ver un póster gracioso de cierto personaje o situación; con ésa no hay problema. Pero la que es en la cara de alguien y con el afán de lastimarlo y dejarlo en ridículo... ésa por favor evítala, ya que no le hace bien a nadie. Sobre todo, no te hace bien a ti, pues aunque te estés riendo, te estarás llenando de una energía negativa, y recuerda que todo lo que va, vuelve y todo lo que das, se te regresa.

Volviendo a los grandes beneficios de la risa y la sonrisa, la risa mejora la circulación sanguínea hacia las extremidades y la función cardiovascular. Libera endorfinas y otros químicos que sirven para elevar nuestro estado de ánimo y son analgésicos naturales. Sirve también para enviar oxígeno y nutrientes a los órganos internos, incrementa el sistema inmunitario y ayuda al cuerpo a combatir enfermedades.

Cuando estamos tensos o preocupados, nos ponemos serios y es difícil que algo nos haga reír, pero cambiar esto en tu mente puede ser una buena manera de modificar tu estado de ánimo y encontrarle un sentido más ligero a la vida.

Revisa tu "risómetro" de manera constante y por favor apunta resultados y la fecha para que así puedas ir viendo tus avances al respecto:

• ¿Cuándo fue la última vez que te reíste a carcajadas? Y ¿cuál fue la causa?

_____

_____

_____

• ¿Sabes bien qué es lo que te hace reír? ¿Qué es y cómo lo puedes tener de manera constante?

_____

_____

_____

• ¿Cuándo fue la última vez que te reíste de ti mismo y en qué situación estabas? Al reírte de ti mismo, ¿te sentiste bien o mal?

_____

_____

_____

- ¿Cuándo fue la última vez que alguien se rio a expensas tuyas sin que te lo hayas tomado personal porque realmente SÍ era gracioso?

_____

_____

_____

- ¿Cuándo te reíste por última vez de alguien con la intención de burlarte y ridiculizarlo? ¿Cómo te sentiste al hacerlo?

_____

_____

_____

Busca a los amigos que te hacen doblarte de risa, ve películas que te hagan reír, observa a tu mascota, busca esos momentos de risa incontrolable de vez en cuando pues los necesitas, ¡todos los necesitamos!

DESAPRENDER PARA VOLVER A APRENDER

Al nacer, todos venimos equipados con capacidades y herramientas increíbles. Tenemos sentidos desarrollados y centros energéticos (chakras) abiertos. Llegamos sin expectativas, arrepentimientos, culpas u obsesiones.

Conforme va pasando el tiempo y crecemos, esas herramientas o capacidades se van perdiendo pues no las usamos. Por el contrario, nos enseñan (sin mala intención) que sólo lo establecido es lo correcto socialmente y nos vamos achicando hasta embonar en un estereotipo humano muy lejano al lugar de donde empezamos.

Sé que puede leerse mucho más fácil de lo que es, pero aquí hay una técnica sencilla para desaprender aquello que, además de no servirnos, nos daña, nos entumece y paraliza ante la vida.

Esto NO sucede de la noche a la mañana. Requiere de trabajo y constancia; requiere de ya haber identificado aquello que no nos sirve y queremos alejar de nuestra vida pero que está profundamente arraigado.

Por favor, encuentra un momento de silencio y soledad en el que puedas sentarte, estar tranquilo y sin interrupciones. Si lo deseas, puedes poner música tranquila y relajante.

Ahora…

- Cierra los ojos y visualiza ese problema o esa situación que deseas eliminar de tu vida como una sombra de humo muy oscura que está en una planicie. Avanza hasta ella pero, al acercarte, vete a ti mismo cavando un túnel lleno de luz blanca por el cual tú puedes pasar por DEBAJO de esa sombra.

- Camina tranquilamente a sabiendas que esa sombra no puede acercarse a ti ni dañarte de ninguna manera pues tú vas caminando en tu túnel de luz y ahí sientes paz y seguridad.

- Ahora cava hacia arriba hasta salir nuevamente a la superficie. La superficie ha cambiado, ahora es un lugar lleno de pasto verde, de árboles vivos, los rayos del sol iluminan tu cara y una suave brisa te toca.

- No temas voltear hacia atrás. Esa sombra ya no existe, se desintegró en ese terreno árido e inerte mientras tú caminabas por tu túnel y respirabas pidiendo que se fuera de ti y de tu vida con todo el respeto y agradecimiento a lo que algún día te dio y enseñó.

- Al estar en ese hermoso prado, debes saber que el espacio que ocupaba en tu vida esa sombra está ahora disponible en tu mente y en tu ser para nuevos aprendizajes.

Decide qué clase de aprendizajes deseas ahora.

ENCONTRAR EL AMOR

El amor es la fuerza más pura y poderosa que existe. No me refiero al amor de una manera romántica, sino como la energía universal ilimitada y omnipresente que habita en todo, que le da vida a todo y que es nuestra conexión con la Inteligencia Infinita.

Esa clase de amor es a la que cualquiera deberá aspirar. Debemos pensar que somos seres infinitos y espirituales habitando en un cuerpo físico que es un vehículo maravilloso pero también limitado.

El amor no es un sentimiento ni un pensamiento. No es algo que va y viene, no es una creencia o algo que se encuentra o se pueda perder. El AMOR es el lugar o espacio en el que TODO encuentra una sinergia para existir (pensamientos, sentimientos, creencias, acciones, sensaciones…), y cuando no queda NADA, el amor también está ahí presente.

Ojalá reconociéramos este concepto de amor antes de enamorarnos; las relaciones serían mucho más auténticas y con menos drama. Aun así, el Amor es lo más increíble del mundo y me atrevo a decir que es la razón primaria de nuestra existencia.

Hablando del amor de pareja, existen muchos mitos y los tan famosos estereotipos sociales de los que ya hemos hablado anteriormente que nos han impedido establecer relaciones sanas y duraderas. Hacemos del amor una moneda cambiaria, algo por conveniencia que le ha dado un concepto totalmente tergiversado e incluso le puede haber dado una connotación negativa, y lo más importante de todo: HA HECHO QUE MUCHAS PERSONAS SE BLOQUEEN ANTE EL AMOR.

A continuación te sugiero un ejercicio que te ayudará a saber qué tantos bloqueos o barreras te has puesto para encontrar el amor. Ten lista una pluma o un lápiz antes de continuar. Ve por ella, aquí te espero. Y por favor, no vayas más adelante, eso lo consideraría como trampa.

¿Listo? ¿Tienes ya tu pluma? Ahora VAS A TERMINAR CADA UNA DE LAS SIGUIENTES ORACIONES CON LO PRIMERO QUE TE VENGA A LA MENTE. Por favor, no te detengas a pensar y elaborar tus respuestas; entre más espontáneas sean, más te servirán.

¡Vas!

* Una buena relación es _____

* Todas las mujeres y los hombres son _____

* Cuando pienso en el amor, yo siento _____

* La actitud de mis padres hacia el matrimonio era _____

_____

- Tener a alguien que me quiera por lo que soy me hace sentir _____

_____

- Cuando se trata de amor, yo siempre _____

_____

- Cuando dos personas han estado ya juntas por mucho tiempo, ellos ____

_____

- Si conociera a mi pareja perfecta, me da miedo que _____

_____

- Cuando soy buena gente con los demás _____

_____

- Ser feliz por el resto de mi vida con una sola persona es una idea que me

  causa _____

_____

- Cuando muestro mis sentimientos verdaderos _____

_____

- El amor es _____

_____

¡Muy bien! Ahora, sin añadir nada a tus respuestas, léelas un par de veces y analízalas. ¿Crees que tus respuestas son fatalistas y muestran claramente que no tienes ni la menor expectativa de que las cosas salgan bien en una relación de pareja que tengas? ¿Qué tanta confianza o desconfianza se ven reflejadas en tus respuestas?

Si tus respuestas son positivas y te has mostrado abierto y dispuesto a encontrar el amor de pareja, te felicito y deseo que así sea para ti.

Si necesitas cambiar algunos conceptos negativos, te recomiendo realizar la técnica de "Desaprender para volver a aprender" que un poco más atrás te enseñé para poder eliminarlos.

RECONOCE TU VALOR

Otro factor importante para aprender a valorarte es reconocer lo que puedes hacer por los demás. No sé por qué a veces nos cuesta tanto trabajo aceptar un cumplido o un detalle de agradecimiento. Por favor, recuerda que IGUAL DE IMPORTANTE ES SABER RECIBIR COMO LO ES DAR.

Ahora, siendo totalmente honesto e imparcial, responde de manera escrita o ilustrando con dibujos o imágenes:

1. ¿Qué es algo que te pide la gente que hagas por ella?

2. ¿Qué cumplidos te dice la gente sobre ti o sobre lo que haces? ¿Qué admiran de ti, de tu actitud ante la vida y de tu personalidad?

3. ¿Qué sientes al ayudar a los demás? ¿Lo haces por el placer de dar o para recibir reconocimiento?

4. ¿Qué cosas haces sin el mayor esfuerzo?

5. ¿Qué es algo que nunca te cansarías de hacer?

6. ¿Qué o quién te da energía?

7. ¿Qué o quién te quita energía?

Por favor, ¡aprende a recibir!

TUS CENTROS ENERGÉTICOS: ABRE TU TERCER OJO

Los chakras son los centros energéticos que tenemos en el cuerpo que se conectan entre sí a través de "circuitos" o flujos de energía dentro del cuerpo y la mente. Aunque existen muchos centros energéticos o chakras, los principales son siete y se identifican cada uno por un color y por su ubicación:

CHAKRA	COLOR	NOMBRE EN SÁNSCRITO	UBICACIÓN	SIGNIFICADO
1. Raíz	Rojo	Muladhara	Base de la columna (perineo)	Supervivencia, el derecho a existir
2. Sexual	Naranja	Svadhishthana	Abdomen bajo	Sentimientos, el derecho a sentir
3. Plexo solar	Amarillo	Manipura	Encima del ombligo (boca del estómago)	Poder personal, el derecho a pensar
4. Corazón	Verde	Anahata	Centro del pecho	Relaciones, el derecho a amar
5. Garganta	Azul	Vishuddha	Zona de la garganta	Relaciones, el derecho a hablar
6. Tercer ojo	Índigo	Ajna	Entrecejo	Intuición, el derecho de ver
7. Corona	Violeta	Sahasrara	Tope de la cabeza	Conocimiento, el derecho de aspirar, conciencia divina

Por ahora quiero enfocarme sólo en el sexto chakra, Ajna o tercer ojo (también conocido como el ojo interno), que se ubica en el entrecejo. Es un ojo invisible o vórtice energético y etérico que nos puede proporcionar una percepción más allá de lo que se puede apreciar con la vista ordinaria, la de los ojos. Se cree que el tercer ojo está relacionado con nuestro reino interior y con estados de conciencia más elevados que los que casi todo el mundo tiene.

Existen varias técnicas para despertar o abrir este centro energético relacionado con nuestra intuición, la imaginación, la mente, la clarividencia y la creatividad, pero quiero enfocarme en lo más sencillo para hacerlo poco a poco y que vayas viendo resultados que tal vez te animen a profundizar en el tema.

- Al hacer tus ejercicios de respiración, enfócate en este centro que está un poco más arriba del entrecejo en la frente. Tal cual visualízalo como si estuviera abierto y fuera una pantalla de cine por la que puedes ver. Tal vez verás lo mismo, pero como tus ojos están cerrados, comenzarás a ejercitar el tercer chakra. Di: "Pido VER solamente la verdad".
- Otra manera de ejercitarlo es tomar cierta situación de tu vida y verla como si estuvieras fuera de la escena; como si le estuviera pasando a otra persona.
- Una más es confiar en tu intuición. Al confiar en tus instintos y en lo que tu "estómago" o intuición te dicen, existe el efecto recompensa, proveyéndote cada vez más con situaciones en las que puedas poner a prueba que no estás equivocado.

SANA, CURA, AYUDA Y RECONQUISTA A DISTANCIA

Como ya lo comenté varias veces y también lo hago seguido en mis programas de radio, la vida va demasiado rápido. Las distancias que nos separan de nuestros seres amados (aun estando en la misma ciudad) son enormes tomando en cuenta los horarios de trabajo, las ocupaciones, el tráfico, las marchas y la distancia misma. El chiste es que no vemos a nuestros seres amados, familia y amigos tan seguido como quisiéramos.

En algún curso o diplomado que tomé, aprendí una técnica que me encanta y se la quiero compartir. Aunque sólo les voy a decir los principios, seguramente les será de utilidad mientras la vayan perfeccionando. Trata sobre trabajar con Energía Etérica y me ha servido para conectarme con amigos que no veo hace tiempo pues viven en otro país o incluso para conocer a mis grandes ídolos de la música. Para mí, los resultados han sido simplemente… ¡asombrosos!

Esta técnica ayuda también a sanar a distancia a alguien enfermo y es muy efectiva como ayuda para resolver problemas de amores, pues te permite conectarte con la persona amada sin que debas verla o hablar con ella. *En pocas palabras, ayuda a resolver situaciones que se han salido ya de las manos, pues manda la energía exacta y directamente adonde quieres que vaya.*

Éste es un tema del que podría escribir un libro entero, pero por ahora me voy a enfocar en uno de los ejercicios más sencillos pero efectivos, pues creo que es lo mejor para empezar: EL ABRAZO DE ENERGÍA ETÉRICA.

Este abrazo es mágico (sí, ¡la verdad me emociona hablar de esto!) y puedes enviarlo a la persona que quieras, esté en donde esté y como esté: a un hijo que vive lejos, a un anciano que vive solo, a alguien que está enfermo en un hospital, a alguien con quien estás peleado y sabes que no te va a tomar la llamada, o a alguien que sientes que se ha alejado de ti y quieres suavizar la relación para retomarla en donde se quedó.

Para este ejercicio sí debes tomar tu tiempo y asegurarte de estar solo y de que nadie te va a interrumpir.

- Ábrete (primer ejercicio de este capítulo).
- Enfócate en la persona a quien le vas a mandar el abrazo. Visualiza las

facciones de su cara, recuerda su aroma, su pelo, su voz, su sonrisa, su caminar, y tómate el tiempo de recordar y revivir los momentos que han pasado juntos (trata de concentrarte en los buenos), frases que te haya dicho… Puedes apoyarte con alguna fotografía, nota de voz o video de esa persona.

- Ahora enfócate en tu aura (campo energético de radiación luminosa que rodea a las personas y objetos, como un halo de luz). Imagínala del color que quieras; yo recomiendo azul, verde o violeta. Permite que se vuelva más grande y brillante y visualiza cómo de tu aura salen dos extensiones largas y muy brillantes, algo así como un par de brazos.
- Imagina que el receptor (la persona que elegiste) está frente a ti. Ahora visualiza a tu energía etérica abrazando a esa persona. Siente todo lo bueno que deseas, sientes o alguna vez sentiste por y para esa persona (amor, salud, amistad, perdón, compasión, paz, ternura, prosperidad, éxito…) y haz que esos sentimientos fluyan a través de los largos brazos que están abrazándola. Sigue pensando en ella y enviándole felicidad mientras la energía le llega y se introduce a través de tu abrazo.
- Siente cómo los buenos sentimientos se mezclan con tu propia energía etérica y entran también a tu ser.
- Quédate en ese abrazo el tiempo que quieras y necesites. Cuando estés listo, da un apretón final a esa persona y retira tus brazos de ella, "recoge" tu energía etérica y tu aura y llévalas a tener su forma, tamaño y color normales. Agradece al Universo, a ti y a esa persona.
- Ciérrate (último ejercicio de este capítulo).

Sigue con las actividades que tenías planeadas para tu día y deja que la energía universal haga su trabajo…

AGRADECE PODEROSAMENTE

Por favor, enumera a siete personas que siempre te apoyan, te ayudan a conseguir tus metas, te hacen crítica constructiva y sabes que honestamente desean lo mejor para ti. Te enseñan, te inspiran y cuando estás con ellas, sientes que puedes ser tú mismo sin ser juzgado:

1.

2.

3.

4.

5.

6.

7.

Enumera siete personas que te hacen sentir feliz. Puede ser tu pareja, tu jefe, algún amigo, tu hijo, un compañero de trabajo. Son personas que no te juzgan, que te echan porras, te admiran y te hacen sentir orgulloso de quien eres:

1.

2.

3.

4.

5.

6.

7.

En los siguientes cinco días, vas a escribirle una carta (sí, ¡las cartas aún existen!) a cada uno de ellos. Bueno, está bien, un correo, un mensaje o algo que deje por escrito todo aquello en lo que te han ayudado, te han hecho sentir bien y por lo que les estás agradecido.

No creas que te salvaste: la "carta" escrita es sólo para que no se te olvide nada. Esa carta la vas a leer en persona o por teléfono; la cuestión es que tiene que salir de tu boca cada palabra escrita hacia esa persona. Ésta será tu manera de hacerlos sentir bien a ellos y de mostrar tu agradecimiento.

¡Piensa bien esos nombres! Tal vez te des cuenta de que hay alguien que ha pasado desapercibido hasta ahora pero que siempre te apoya y tiene detalles contigo. Puede ser alguien que incluso te da más de lo que tiene… Yo por ejemplo puedo hablar de los policías y las personas de intendencia de Radio Centro: son las más amables y desde que llego me reciben con una sonrisa tan grande que mi día cambia para mejor.

DALE UN GIRO DIVERTIDO A TU VIDA

Existen muchas, muchísimas maneras muy sencillas y divertidas de cambiar un poco tu vida. Algunas te parecerán una locura, otras te darán curiosidad. Lo cierto es que son ideas para hacerte ver que lo que hacemos siempre puede ser un poco diferente y no pasa nada; que aquello que los demás pueden juzgar como locuras, es lo que le pone aderezo a la vida y que salirse de los estándares no está mal, ¡al contrario!

Por favor, una vez más lo repito… No te limites por lo que yo digo en esta lista, ¡usa tu imaginación!

- **Sube a un árbol.** Lo más alto que puedas. Ya verás después cómo bajas y si habrá que hablarle a los bomberos.
- **Canta en voz alta mientras te bañas.** No importa cómo cantes, ¡canta siempre!
- **Haz un avión de papel.** ¡Y vuélalo!
- **Cocina algo asqueroso.** ¡Y pruébalo!
- **¡Sé excéntrico!** Si no eres excéntrico ahora… ¿cuándo? No lo postergues, atrévete a ponerte ese traje naranja que secretamente te encanta, sal con ese abrigo dorado que crees que todo el mundo criticará pero la verdad es que se morirán de envidia y de ganas de ser tú. Éste es un excelente ejercicio para comenzar a MANDAR AL DIABLO EL FAMOSO "QUÉ DIRÁN".
- **Escribe una canción.** No importa que no entones, que la letra no haga sentido, que sea cursi o ruda; es tu canción y lo importante es que te diviertas al escribirla.
- **Baila bajo la lluvia.** ¡Y disfrútalo! No pienses en tu ropa ni zapatos; de eso te ocuparás más tarde.

- **Vístete exactamente igual por varios días.** Atrévete a ir a trabajar con la misma ropa de ayer y antier ¡y anteayer! No pasa nada, la gente puede hablar pero tú te puedes sentir bien. Yo lo hago muy seguido ¡y lo que me causa es risa! Jejeje. Además no pierdo el tiempo en pensar qué me voy a poner.

- **Hazle cosquillas a alguien muy serio.** Créeme que en el fondo te agradecerá ese momento diferente, vas a cambiar su actitud y tú te vas a divertir también.

- **Disfrázate.** No con un disfraz fantástico e inexistente en la realidad. Juega a ser alguien diferente de quien eres, tal vez un personaje famoso a quien admiras, y actúa por un día como tal.

- **Sal a la tierra y enlódate.** Lo más que puedas. Entre más te enlodes, más liberado te sentirás. Ya habrá tiempo para lavar…

- **Toca un timbre y échate a correr.** Goza de esa pequeña explosión de adrenalina.

- **Vuelve a ser un niño.** Juega escondidillas, las traes, 1, 2, 3 calabaza, canicas o lo que te haga volver a sentir niño.

ELIGE A TUS COMPAÑEROS DE VIAJE

Ahora te voy a decir algo que tal vez no te va a gustar… pero ni modo, es la verdad.

Casi todo mundo está en un rango de ingresos de $5,000 arriba o abajo con respecto a las cinco personas con las que más interacción tiene.

Si te juntas con personas más "ricas" o abundantes que tú, estás incrementando tu frecuencia vibratoria de riqueza y abundancia.

Si todos tus amigos están desempleados, no tienen jamás ni un quinto, se levantan tarde y se la viven pidiendo prestado para sobrevivir, es probable que tu energía poco a poco se vaya alineando con la de ellos. No me odies, por favor, son leyes de la energía, no soy yo...

Si te relacionas con personas que trabajan, que sueñan en grande, que les va bien y que tienen la determinación de hacer de su vida un éxito, lo mismo: tu frecuencia vibratoria se adaptará a ser una más alta y de mayor probabilidad de éxito.

Por favor, contesta las siguientes preguntas. Recuerda que nadie va a ver tus respuestas, así que puedes ser completamente honesto sin herir susceptibilidades:

Enumera a las ocho personas con las que más contacto tienes en tu vida:

1.

2.

3.

4.

5.

6.

7.

8.

- ¿Cuál es su ingreso?

- ¿Cómo les va en general?

- ¿Cuál es su actitud respecto a la riqueza y el éxito?

- ¿Son positivas o negativas en cuanto a su visión de la vida?

- Cuando hablas sobre tus aspiraciones y metas, ¿son alentadoras y te animan, o te dicen que es imposible lograrlas?

- ¿Son "hacedoras" o sólo "hablan" de lo que van a hacer y nunca lo hacen?

- ¿Se autosabotean para nunca avanzar en la vida?

Yo sólo te dejo este ejercicio para que reflexiones y decidas si debes o quieres hacer alguna modificación.

Y por favor… no te relaciones con gente TÓXICA. Esa gente que siempre se queja y critica, que nada le parece y nada es suficiente; a quienes muchos han llamado vampiros energéticos porque eso es lo que hacen: alimentar su odio y resentimiento de la energía buena de los demás.

CREANDO ABUNDANCIA Y RIQUEZA

Ahora vamos a trabajar en un par de ejercicios que te harán romper esa "con-ciencia de pobreza" que tanta y tanta gente tiene tan arraigada a sus creencias, ¡a su ADN! Son técnicas que a mí me han servido y te las quiero compartir. Pero antes de seguir quisiera definir bien el término "riqueza".

La riqueza no se trata solamente sobre dinero. Hay gente con cuentas bancarias de más de nueve cifras y aun así se sienten pobres y miserables, y hay personas con muy poco que se sienten ricas. La riqueza, entonces, es relativa. Es un sentimiento de abundancia, de disfrutar lo que tienes mientras lo ves multiplicarse. Es la creencia de que mereces tener abundancia en todos los aspectos de tu vida. Una vez que estés convencido de que la mereces, la riqueza comenzará a fluir en ti…

Antes de hablar sobre las técnicas, quiero que respondas las siguientes preguntas sólo para darte cuenta de qué tanto están afectando tus creencias negativas sobre tu posibilidad de riqueza:

- Si perdieras todo lo que tienes hoy, ¿qué tan seguro estás de que mañana lo puedes llegar a recuperar?
- ¿Sientes que estar siempre luchando por cuestiones económicas es parte de tu destino o que puedes llegar a ser rico?
- ¿Crees tener algo por lo que alguien más quisiera pagar?
- ¿Sientes resentimiento y envidia por aquellos que tienen más que tú?
- ¿Creciste en un ambiente en donde los comentarios sobre el dinero eran todos negativos y de escasez?
- Si así fue, ¿crees que es algo que te afecta al día de hoy?
- ¿Puedes imaginarte sin tener que preocuparte por dinero nunca más en tu vida?

- ¿Crees que ser rico te podría traer más problemas que soluciones?
- ¿Cómo crees que te cambiaría tener miles de millones en el banco?

Es muy importante que comiences a ver al dinero como un amigo que te ayuda, no te daña; un amigo que te pone comida en la mesa y un techo para vivir y dormir tranquilo. El dinero es una fuerza positiva, no hay por qué temerle ni odiarlo ni rechazarlo. Debes tener los conceptos correctos sobre el dinero para evitar que se aleje de ti. Recuerda que los pensamientos se convierten en cosas y que todo aquello que tú pienses sobre el dinero (consciente e inconscientemente) es lo que se manifestará como tu realidad financiera.

Comencemos con unos consejos básicos para crear abundancia:

- Decide claramente qué es lo que deseas obtener. Por favor, sé lo más detallista que puedas; los detalles le ayudan al Universo a saber y a entregar lo que pides. Utiliza tu imaginación. Decide con colores, con tamaños, con espacios reales. Imagina lo que sientes (¡y siéntelo!) al tener lo que deseas y pon toda tu energía en eso.
- Ahora trae eso a tu tiempo presente, como si ya lo tuvieras en tus manos, ya sea una casa, un auto, un estado de cuenta jugoso, unas vacaciones. Vete a ti mismo en situaciones diarias de tu vida en las que lo usas, lo vives, lo disfrutas.
- Ahora agradece, suelta esa imagen y permite que el Universo haga su parte en conseguirlo. Suelta la imagen pero quédate con el sentimiento que te genera, con esa enorme emoción que te hace sentir el tenerlo. Haz de cuenta que sabes que ya viene en camino tal cual lo pediste. Y agradece, siempre agradece. Vuelve a tus actividades diarias.

Es importante hacer esto de manera frecuente. Si no lo haces, esas imágenes se pueden ir distorsionando, puedes enfocarte en otras cosas y el Universo no sabrá qué hacer ni cómo proporcionártelo. Por eso yo te recomiendo que tengas un tablero con imágenes o un cuaderno con recortes de eso que deseas y lo veas constantemente (las personas más ricas y los grandes manifestadores siempre tienen este tablero). Puedes tal vez comenzar con cosas pequeñas para demostrarte que esto sí funciona e ir subiendo poco a poco en la calidad, cantidad y ambición de tus sueños.

Es importante mencionarte que esto NO servirá si la energía en la que estás vibrando es negativa o no CREES que esto puede suceder. Para eso son todos los demás ejercicios, técnicas y consejos de este libro, para mantenerte en una vibración positiva.

Una técnica que puedes utilizar para reforzar este proceso de manifestación y creación de abundancia es la que yo llamo "MI COFRE DE TESOROS". Este cofre es muy sencillo de hacer y, si crees en él, los resultados serán asombrosos para ti.

- Necesitas una caja con tapa, del material que prefieras. Puede ser de metal, madera, cartón, plástico; lo importante es que sea muy atractiva visualmente para ti y que sientas emoción al verla. Yo en lo personal no recomiendo materiales sintéticos como el plástico. A mí me gustan de material natural, como la madera, pues ésta absorbe la energía positiva. La mía es de metal.
- Coloca en el fondo de tu cofre algunas monedas y, si puedes, algún billete. Puede ser el cambio que traes en tu monedero o monedas con un significado. Si tuvieras monedas o algún billete de otro país, también sería genial. Yo por ejemplo trato de poner monedas que por una u otra razón me dan suerte, además de monedas chinas que simbolizan la riqueza.

- Es importante incluir alguna piedra, pues ésta le dará un flujo continuo a la energía dentro del cofre. Puede ser un cuarzo, tu piedra de nacimiento o algún cristal.

- Pon también adentro cualquier símbolo que signifique fortuna para ti. Puede ser un boleto, una cadena, un talismán, una planta seca, una tarjeta... lo que tú desees.

- Ahora, coloca dentro de tu cofre una fotografía o imagen de lo que quieres tener.

- Escribe a mano (es muy importante que lo hagas así y no en computadora; esto es porque al escribir a mano se crean en nuestro cerebro unas conexiones neuronales muy particulares que al escribir a máquina, no) lo que deseas a detalle. Dobla el papel y visualiza eso que anhelas mientras sostienes el papel entre tus manos.

- Cuando termines, pon el papel dentro de tu cofre junto con todo lo demás, ciérralo y agradece al Universo por el flujo de riqueza que se está generando.

- Guarda tu cofre en un lugar seguro y, de preferencia, mantenlo lejos del alcance de alguien más. Así tendrá solamente tu energía.

Ahora quiero compartir contigo un ejercicio que aprendí en un taller y que a mí en lo personal me gusta, funciona y divierte mucho. Fue creado por el experto en autoayuda Paul McKenna y se llama: "Reescribe tu historia financiera".

- Cierra los ojos e imagina con el mayor detalle posible que naciste dentro de una familia muy rica, una familia sin paradigmas negativos respecto del dinero. Imagina cómo habría sido tu vida de pequeño si tus padres hubieran sido muy ricos.
- Imagina que además, el mismo día en que naciste, heredaste una enorme fortuna. Piensa en lo diferente que hubiera sido tu infancia y tu adolescencia.
- Imagina que creciste con una actitud sana hacia el dinero, sabiendo que cualquier cosa que necesitaras, podías tenerla.
- Imagina además que tus padres no sólo te enseñaron que el dinero es una energía muy positiva y que no debías nunca tener pensamientos de escasez, sino que te transmitieron todos los valores humanos universales.
- Detente un momento para SENTIR lo que esa abundancia te da mientras imaginas las diferentes etapas de tu vida. Emociónate por todo lo que en tu cabeza has tenido siempre.
- Imagina todas las diferentes oportunidades que hubieras tenido, desde el lugar en donde estudiaste, los lugares que has visitado y los anhelos que te has propuesto, si hubieras tenido desde siempre una cuenta bancaria con varios ceros.
- Ahora agradece y termina tu visualización. Quédate el mayor tiempo posible con ese sentimiento de EMOCIÓN por lo que has vivido gracias a tu imaginación y visualización.

Haz este ejercicio cada cierto tiempo y refuerza su vibración añadiéndole cada vez nuevos recuerdos. Este ejercicio obviamente no va a cambiar tu pasado; lo que hace es cambiar los estereotipos negativos que tienes sobre el dinero, la riqueza y la abundancia a nivel neuronal que, como ya lo comenté anteriormente, pueden haberte enseñado sin querer desde pequeño y que tienes tan arraigados.

Por último (por ahora) sobre este tema, quiero comentarte algo de VITAL importancia y que es la estrecha relación que existe, hablando de riqueza, entre el TENER y el DAR. Cuando tenemos ausencia o falta de dinero, eso significa que nuestro flujo de riqueza no está en movimiento. DAR, en cualquiera de sus formas, trae grandes beneficios tanto para el dador como para el receptor, y el dinero no es la excepción. Tengas lo que tengas, si das y compartes un poco (aunque sea poquísimo), se crea en ti una energía de lo más positiva.

¡Esto de verdad funciona! Le estás haciendo saber al Universo que estás listo para recibir, haciendo que tu flujo de abundancia se active y tenga un camino más rápido y directo hacia ti.

Adquiere el hábito de dar, ya sea a manera de una buena propina por un servicio, de cooperar con causas de caridad o humanitarias, donando un poco a algún asilo u orfanatorio. También incluye dar y donar lo que tú ya no uses y que esté en buen estado.

SI TE DAN GANAS... ¡LLORA!

Hemos crecido con tantos y tantos estigmas... que ahora no sabemos hacer ni siquiera las cosas más básicas de la naturaleza humana. Te repito que seguramente quien te las enseñó mal no lo hizo con el afán de molestarte o complicarte la vida; simplemente así se enseñaba antes y así se aceptaba.

Por ejemplo… LLORAR. Llorar no está socialmente bien visto. Llorar es una muestra de falta de autocontrol.

¿Cuántas veces te dijeron de pequeño que "Los hombres no lloran", "Los machos no deben jamás de mostrarse débiles ante nadie", y si eres mujer, "Ya deja de llorar, no hagas dramas", "A ningún hombre le gusta una mujer chillona", "Cuando lloras, me haces sentir incómodo", "No llores, no es para tanto"…? Y ¡SÍ! Si algo te hace llorar, entonces sí es para tanto y para mucho más.

Llorar NO es un signo de debilidad. ¡Llorar es la más pura expresión de que estamos vivos, de que sentimos, de que en nuestro interior viven cientos de emociones esperando poder salir y que las tenemos reprimidas! Piensa que si no las sacas, de cualquier manera van a salir y creo que es mejor llorar que enfermarte, deprimirte o explotar en contra de alguien que no tiene ni vela en el entierro.

De hecho, llorar en compañía también sirve para desahogarte, para sacar eso que NO te sirve y que te puede hacer un daño mucho mayor que derramar unas cuantas lágrimas liberadoras.

Ahora te voy a pedir que hagas el siguiente ejercicio que es de los más importantes y que espero te sea DE GRAN AYUDA. Por favor, tómalo como una parte importante de tu nueva realidad:

1. Piensa en algo que te da mucha tristeza. Siente esa inmensa tristeza invadirte sabiendo que desde el momento en que empezaste a sentirla o fue causada, debiste de haber llorado mucho y no lo hiciste. Te atragantaste y apretaste los puños con tal de no hacerlo… y no lo hiciste. Ahora puedes hacerlo…

LLORA,

LLORA,

LLORA,

LLORA todo el tiempo que lo necesites.

LLORA hasta liberarte y sentirte mejor.

2. Piensa en algo que te da muchísima felicidad, pero en serio mucha. Siente ese gozo en todo tu ser, siente la plenitud de la vida correr por tus venas ¡y emociónate! Y...

LLORA,

LLORA,

LLORA hasta que te canses de llorar de la emoción y de la felicidad.

Porque por supuesto que las lágrimas no sólo son de tristeza, también son de emoción, de gratitud, de felicidad... Las lágrimas son el don de SENTIR PROFUNDAMENTE.

Por favor, no tomes este ejercicio como algo para hacer una sola vez; así debería ser de ahora en adelante.

Permaneció viva llorando sobre mí...
Junto conmigo... Lloramos juntos... ¡Oh!
Dios infinitamente bueno,
en ese instante me concediste
toda la felicidad del mundo.

GASTON LEROUX

El héroe del rock and roll que
sabe todas las respuestas, fue
realmente un muchacho aterrado
que no sabía llorar. Simple.

JOHN LENNON

¡CIÉRRATE!

1. Cada vez que termines de hacer alguno de estos ejercicios, permite que tu respiración vuelva a la normalidad, poco a poco se vaya haciendo regular y armoniosa (igual que lo hiciste al abrirte), y siente cómo poco a poco la luz blanca y brillante que entró en ti al ABRIRTE, regresa al Universo. Ya ha cumplido su función y debe regresar a su fuente.

2. Permite que tu energía se integre a tu cuerpo sabiendo que cada vez que te conectas con la energía universal y la Inteligencia Infinita, ésta se vuelve más fuerte y definida, protegiéndote y manteniéndote "despierto". Para hacer esto, simplemente quédate unos momentos en silencio respirando.

3. Siéntete conectado con tu cuerpo. Siente tus pies anclados a la tierra, tu mente abierta y agradece al Universo.

Epílogo

HABLA CON DIOS

Ya mencioné varias veces anteriormente que respeto las creencias de cada quien y al decir Dios me refiero al Poder Superior en el que cada persona crea. Pero esto es importante…

Habla con Dios. Jamás puedes estar tan ocupado durante todo el día como para no hacerlo. Eso es lo único que Él pide: que estés en contacto. Quiere escuchar de ti lo que te sucede, tus temores, tus alegrías, tus sufrimientos y logros.

Recuerda que hay una Inteligencia Superior que nos conecta a todos a través de una conciencia universal, y para recibir debes estar dentro del divino ciclo de dar.

Aprende a escucharlo, a recibir las respuestas que te envíe a través de señales, de la naturaleza, de otras personas, de sueños, de los números… Tú vas a comenzar a saberlas reconocer e interpretar.

¡Su intervención divina puede llegar de las formas más inusuales e increíbles! Y entre más estés tú en contacto con él, más en contacto estará también él contigo.

LLEGAMOS AL FINAL

Hemos llegado al final de esta aventura. Después de haber leído este libro por primera vez (quizá más adelante lo quieras leer de nuevo y te apuesto a que cada vez va a ser diferente, cada vez le encontrarás un sentido distinto a sus palabras pues en cada ocasión tu nivel de conciencia será otro), déjalo a un lado, haz una respiración profunda, sal a caminar un rato, voltea a ver el cielo, siente el aire... Permite que todas las ideas que estás teniendo en este momento fluyan tal como te llegan.

Escribe eso que estás pensando pues esta primera impresión es importante para tu futuro desarrollo.

Como consejo adicional, te sugiero que en los próximos cuarenta y cinco días, todas las mañanas agarres tu libro y lo abras en la página que caiga, no importa cuál. Lee un párrafo o dos. Esto te servirá para tener la información fresca por más tiempo y también para ayudarte a comenzar con el *cambio*, con TU DESPERTAR.

BIENVENIDO A TU NUEVA VIDA...

Tu corazón está palpitando más rápido de lo normal, las manos te sudan, las piernas te tiemblan, tienes las mejillas rojas y te quedas unos momentos en pausa y en silencio. Tu única compañía eres tú mismo y tal vez por primera vez en mucho tiempo estás apreciando esa soledad y estás pensando en ti y en lo que tú vales.

No sabes exactamente hacia dónde vas y eso naturalmente te pone nervioso, inseguro y más ansioso que nunca. Pero también te llena de emoción y de esperanza. Te llena de proyectos y sueños.

¡TE HACE SENTIR VIVO! ¡VIVO COMO NUNCA ANTES!

Ahora sabes que todo lo que has percibido como "malo", como "desgracias" e "infortunios" en tu vida, fueron parte de un plan divino que te llevó a despertar hoy. Y ahora sabes también que existen para ti millones de nuevas posibilidades y oportunidades y que en el camino seguirán habiendo éxitos y fracasos, pero que ahora te llevarán de manera consciente a donde hayas decidido que quieres llegar.

Ahora que has —casi— terminado este libro, sabes que no hay marcha atrás, no puedes ni debes volver a ser el mismo que eras antes. No podrías siquiera, pues he sembrado en ti semillas-pensamientos nuevos y ahora sabes que no tienes por qué conformarte con una vida que no deseas o que no te llena de alegría y satisfacción.

Ahora sabes que puedes hacer una diferencia no sólo por y para ti, sino también para tu familia, tu comunidad, tu país y tu planeta.

Ahora tienes la responsabilidad de ser mejor.

Jamás te volverás a conformar. Lo fácil te hará sentir enfermo; las mentiras te darán asco, y el solo hecho de pensar en que no eres capaz de algo, te causará náuseas.

TODO lo que vale la pena implica un esfuerzo. Tal vez vas a tener que sacrificar y abandonar algunas cosas; vas a tener que implementar otras; vas a tener que sacar tiempo de donde no lo tienes; vas a tener que priorizar tus tiempos, actividades y hasta amistades.

Eso es el CAMBIO, eso es el DESPERTAR.

No te preocupes si en tu nueva vida no encajan ya muchas personas a las que estimas y amas mucho. Si ellas te aman, siempre estarán para ti y tú para ellas, pero cada quien tiene su proceso personal de evolución y tal vez ellas van un escalón abajo.

No debes forzar a nadie a que vaya a tu ritmo. ¡La verdad es que ni siquiera puedes! No es algo que esté en tu control. Tú lo único que puedes hacer es comentar y compartir tu nueva información, pero a cada quien le resonará de manera distinta y habrá quien despierte igual que tú y quien prefiera seguir dormido un rato más.

A cambio, la vida te irá poniendo a las personas ideales que te ayuden, apoyen y acompañen en tu nuevo camino. Se te irán presentando las herramientas e información para que tu despertar cada vez sea más profundo y sigas en el camino que ahora puede ser que hayas elegido después de leer este libro.

En fin... cada tema es importante y cada uno merecería un libro completo en aras de tu bienestar, tu tranquilidad, tu paz y tu felicidad. Por ahora me quedo tranquilo y muy contento al saber que te di una probadita de cada uno y que logré despertar tu curiosidad e interés.

Yo por mi parte, prometo estar para ti, a través de mis programas de radio, leyendo tus comentarios, críticas y consejos en mis redes sociales, escribiendo nuevos libros y sabiendo que todos vamos en la misma dirección y que podemos juntos lograr un cambio sensible en estos momentos en que el mundo, nuestro amado país y todos como personas, tanto necesitamos...

Te deseo mucho éxito e infinitas bendiciones.

Que tus ángeles te guíen y acompañen siempre en el camino de tu despertar.

OM MANI PADME HUM

EN AMOR Y SERVICIO,

Antonio Esquinca

Agradecimientos

Antes que nada quiero agradecer a Dios, a mis ángeles, arcángeles, a san Antonio y a todos los seres de luz que me guiaron y acompañaron en este proceso.

A mi ángel personal que me mantuvo creíble, y sobre todo en esfuerzo permanente para alcanzarlo: Claudia Ruede.

A ti que te tomaste el tiempo de leer este libro y me diste tu atención.

A toda la gente que me escucha a diario y que me hace ser lo que soy.

A mis padres: Hugo e Hilda (†) por todos los esfuerzos y sacrificios que hicieron para darme lo mejor que pudieron y más aún.

A mis abuelos y abuelas que desde el Cielo me siguen enseñando y formando.

A mis hermanos: Dely (†) (Teorim), Jesús, Hilda, Roberto y Hugo; a mis sobrinos-hermanos: Claudia, Paco, Astrid y Huguito.

A mis cuñadas y cuñados. ¡Gracias por su paciencia! Gaby, Gavy, Fer y Contreras.

Gracias, familia amada. Ustedes son mi alegría, sustento, motivo e inspiración, son la bendición más grande que tengo.

A Elías Ruede, Ana Claudia, Mariano y Patricio por su enorme cariño y presencia, y su entendimiento por llevarme a su mamá días enteros.

A Pablo Martínez Lozada y todos en Océano, por creer en mí y por hacer realidad este sueño.

¡A todo mi equipo!

A Francisco Aguirre, mi jefe y mi mejor amigo.

A mi amado México, que a pesar de todo sigue y seguirá en pie, estoico. A todos mis grandes maestros y mentores; a los ancestrales: Jesucristo, Merlín y Buda; a los presenciales y los que lo han sido a distancia: Dr. Joseph Michael Levry, Renata Spironello, Romeo Herrera, Drunvalo Melchizedek, Winston Churchill, Emma Hill, Anne Jirsch, Jeff Foster, Kate Tojeiro, Lois Blyth, Chris Baréz-Brown por compartir sus invaluables y sagradas enseñanzas.

Esta obra se imprimió y encuadernó
en el mes de diciembre de 2017,
en los talleres de Impregráfica Digital, S.A. de C.V.,
Calle España 385, Col. San Nicolás Tolentino,
C.P. 09850, Iztapalapa, Ciudad de México.